Amadou N'Golo Coulibaly

Le développement personnel en quatre (04) étapes

Amadou N'Golo Coulibaly

Le développement personnel en quatre (04) étapes

Le développement personnel en 4 étapes est une réflexion nourrie autour de l'initiative de l'équilibre mental humain

Éditions Vie

Imprint

Cover image: www.ingimage.com

Publisher:
Éditions Vie
is a trademark of
Dodo Books Indian Ocean Ltd. and OmniScriptum S.R.L publishing group

120 High Road, East Finchley, London, N2 9ED, United Kingdom
Str. Armeneasca 28/1, office 1, Chisinau MD-2012, Republic of Moldova, Europe
Printed at: see last page
ISBN: 978-613-9-59502-0

LE DEVELOPPEMENT PERSONNEL

EN QUATRE TEMPS

LIVRE DE DEVELOPPEMENT PERSONNEL

CONCU ET PRESENTE PAR

Mr AMADOU N'GOLO COULIBALY

SOCIOLOGUE

Téléphone : +22379186226 /+22362719431

E-MAIL :amadoucoulibalibaly@gmail.com

AUTEUR : Amadou N'Golo Coulibaly

Sociologue, penseur, activiste

Dédicace

Je dédie spécialement cet ouvrage à Salimata Tanou pour les nombreux conseils utiles que vous m'aviez prodigué, merci infiniment, très chère conseillère de l'ombre.

Avant-Propos

Le présent ouvrage intitulé le développement personnel en quatre étapes est le fruit d'une réflexion approfondie de l'auteur sur l'enjeu du développement personnel dans la dynamique du développement global. Le développement personnel en quatre (4) étapes traite le développement personnel selon une logique cyclique puis détermine en caractérisant chacune des phases reparties dans les deux chapitres de l'ouvrage. La période de l'engagement volontariste du développement personnel en premier chapitre expose les enjeux liés à l'engagement développemental de l'individu nécessiteux partant du besoin qui l'anime ainsi que le degré de connaissance qui lui pousse à choisir de s'engager pour s'améliorer afin d'atteindre le résultat escompté qu'est la réalisation du rêve qui lui tient à cœur. Après la volonté d'engagement combiné à l'amour du changement nous verrons la phase de l'instruction volontariste du développement personnel ce qui traduit en somme le cœur du développement dans la mesure où c'est du savoir dont-il est question pour arriver à résoudre tout problème confondu. La deuxième phase d'animation du développement personnel en quatre (04) étapes est la phase d'instruction, c'est la phase au cours de laquelle nous apprenons, la curiosité combinée à la nécessité nous pousse dans cette seconde phase à chercher à élargir notre horizon intellectuel afin de réunir à sa disposition la ressource matérielle et immatérielle nécessaire à la réalisation de notre rêve. Ensuite vient la troisième phase qu'est la phase de matérialisation de l'opération du développement personnel une fois l'engagement pris et la connaissance acquise dans un troisième temps nous cheminons vers la réalisation de l'ambition du développement qui nous préoccupe c'est le temps de mettre en œuvre la ressource matérielle et immatérielle que l'instruction de la connaissance dans la seconde phase nous a permis d'obtenir. Enfin la quatrième phase de l'ouvrage nous édifie sur la nécessite de préserver l'acquis développemental une fois acquis dans la mesure où le résultat de la ressource matérielle et immatérielle nous a permis de réaliser le projet en question donc arriver à préserver l'acquis est bien recherché pour la pérennisation dudit projet du développement.

TABLE DES MATIERES

CHAPITREI

CHAPITRE II

INTRODUCTION

Ledit ouvrage intitule le développement personnel en quatre étapes (04) se veut un baromètre contributif dans le cadre de la compréhension de la problématique globale du développement personnel et son impact dans la cohésion sociale au cours des relations interpersonnelles. Il convient de ce fait de comprendre avec aisance la nécessité pour l'individu de mettre en avance la centralité de sa présence dans le processus constructif de sa vie dans ce sens je cite l'auteur *:* ***« Celui qui nous a tout appris à part comment se prendre en charge ne nous a encore rien appris ».*** Le développement personnel se veut un cadre approprié de diagnostic de la performance humaine dans le temps et l'espace au gré de circonstances évolutives de la vie tout au long de notre réflexion sur la notion du développement personnel nous nous sommes rendus compte que ce n'est nullement pas en ignorant le vrai problème que nous nous acheminions vers une solution certaine dans un premier cas l'accomplissement de l'acteur soucieux de se développer physiquement et mentalement est requis c'est la phase *volontariste du développement chez l'humain (la centralité de l'humain par rapport à ce qui lui concerne).* Au cours de cette première phase on est frappé par un mal lequel nous avons conscience et nous cherchons à connaitre là où se situent les causes ; les conséquences puis en déduire les remèdes si possible dans une logique majoritaire en vue d'endiguer le problème la phase volontariste ou celle du début dans le processus de l'accomplissement du développement raisonnable en soi fait comprendre par l'individu qu'il souffre d'un mal, qu'il y a une insuffisance dans sa vie et lui fait savoir qu'il est le premier à s'impliquer pour résoudre ledit problème *c'est autrement dit la phase de responsabilisation de l'humain*. Dans un second temps celui-ci s'implique pour mieux connaitre le mal en question cela passe par l'engagement qui est déjà présent dans sa volonté à entrer en contact avec la connaissance nécessaire pour remédier le mal dont il souffre c'est la phase *institutrice durant toute cette phase l'individu s'accomplit à mieux s'approprier de la solution qui convient au problème sapant sa volonté de développement personnel.* Durant la seconde phase d'imprégnation de l'acteur dans le développement personnel nous voyons qu'il opère une ouverture acceptable sur le monde d'alentour en quête de la connaissance sachant sa limite il teste le modèle d'autrui apprend, comprend, conteste ou atteste ce que l'autre lui propose comme solution au rythme de circonstances évolutives de la vie ainsi son esprit critique augmente en puissance la maturité s'opère en lui crescendo. Dans la troisième ou la phase finale du développement personnel celle-ci se traduit par l'atteinte d'une solution appropriée au problème dont souffre l'acteur cela à l'intervalle de périodes différentes car dans la plupart des cas *la complexité du problème puis le degré de la volonté de l'acteur confronté à l'enjeu ainsi que la disponibilité de soutiens extérieurs matériels, financiers idéologiques en sommes des biens et services dans l'environnement joue d'une part sur la rapidité et l'efficacité par ce dernier à s'en procurer d'une solution durable.* Cela dit nous ne pourrons exactement pas en déduire un temps fixe au cours duquel nous réussissons notre concours développemental en comptant sur ces facteurs cités ci-dessus l'abnégation, l'accomplissement de l'intéressé à changer sa situation est d'un apport certain. Dans ce stade final le produit fini de notre travail nous récompense enfin. Dans la quatrième et dernière phase après avoir réussi les trois phases précédentes à savoir l'introduction, le développement et la conclusion du développement personnel une dernière phase pas la moindre s'y prête à notre attention cela nous dira parfaitement que la réussite n'est pas l'objectif final de notre recherche une fois accomplie. Pour l'amélioration du développement personnel en soi les différents moyens permettant de pérenniser le développement en questions sont cela que nous cherchions dans ce sens le moindre détail compte c'est la phase de *préservation tout au long de cette phase se joue l'avenir d'un succès sa durabilité ou sa non durabilité si nous ne voulons pas d'un succès éclair nous nous attelons avec la même ardeur qui nous a permis d'atteindre la consécration de la réussite pour pouvoir la pérenniser évitons à ce que le succès nous monte par la tête pour ne pas nous noyer ensuite* **: « Autant on se bat pour gagner le succès autant on se bat pour le sauvegarder, l'humain en tant qu'imparfait et éternel insatisfait on ne réussit jamais pour ne plus le vouloir le plus généralement ».**

CHAPITRE I

LE DEVELOPPEMENTPERSONNEL EN QUATRE ETAPES

I ETAPE D'IMPREGNATION VOLONTARISTE

L'initiation dans la perception volontariste du développement personnel

Le processus primaire d'initiation de l'individu dans le développement personnel passe par l'étape de la reconnaissance d'un problème quelconque l'empêchant de s'épanouir correctement c'est face à la présence d'une insuffisance quelconque que nous vienne la volonté de s'affranchir ainsi vient l'idée du développement personnel. Nous cherchons à nous développer derrière l'idée d'une insatisfaction constatée voulant s'épanouir l'individu nourrit la volonté de bien s'accomplir dans la vie il y a multiples défis à relever dans la vie et cela certainement nous le connaissons ainsi à chaque étape de la vie nous faisons face à de défis la première étape qui consiste à situer l'individu face à sa responsabilité dans la vie consiste à lui mettre devant le problème de la circonstance et cela se vit à deux temps dans un premier temps en comptant sur soi et cela pour un second temps nous comptons sur les autres. L'élan volontariste développemental s'affiche en nous dès lors que nous nous confrontons à un problème quelconque dont la résolution demande notre implication dans cet élan nous déterminons deux sortes de consciences volontaristes à savoir.

*** La conscientisation par l'appui de l'autre**

La conscientisation par l'appui extérieur consiste à déterminer logiquement l'espérance développementale de l'individu par le soutien d'autrui dans ce cadre d'expression volontariste nous constatons un élargissement de la volonté de l'acteur sur l'apport extérieur plutôt qu'à une détermination interne de soi pour mieux répondre au défi auquel il est confronté. Psychologiquement nous espérons plus sur l'apport extérieur qu'à celui interne cela nous affaiblit d'une part car la motivation qui est nôtre est limitée par une quasi espérance sur l'assistance de l'autre ce qui peut ne pas nous aider dans le cas échéant dans la mesure où l'on est déséquilibré dans l'attente *: « Là où nous développons le développement volontariste sur la quasi espérance de l'effort extérieur pour nous, on a tendance* *à expliquer tant la cause de nos problèmes que de nos solutions sur le concours extérieur en affaiblissant la volonté en soi centrale, cruciale pour notre réussite ».* Le développement de la conscience volontariste est bien limité par l'absence de notre engagement personnel à reconnaitre la dimension basique de notre résolution pour une opérationnalisation efficace du développement social en soi pour soi, la volonté seule ne suffit pas mais plutôt l'orientation judicieuse de celle-ci ce qui fait en sorte que nous renforcions le problème plutôt que de le solutionner partout où nous ne situons pas comme il le faut notre part de responsabilité, il s'agit de se savoir être le premier concerné pour son développement *: « si toutefois on raisonne on a tort d'être le dernier concerné par ce qui nous concerne ».* Dans le cas où la volonté de compter beaucoup plus sur autrui que sur soi domine chez lui en premier lieu c'est pour ne pas lui permettre d'évoluer aisément vers la réalisation de l'objectif recherché. Nous n'oublions pas que le besoin du développement personnel se traduise dans nos actes dès lors que nous éprouvons le besoin de s'assumer de se mettre à l'abri d'une nécessité quelconque ainsi le chemin qui sépare l'expression d'un besoin et le moyen qu'on réunisse pour le satisfaire est l'expression originale de notre soumission à la nécessité du développement général mais la manière de se développer diffère selon les individus et leurs spécificités culturelles *: « Dès lors que nous éprouvons le besoin en nous se traduit le besoin du développement personnel car aussi longtemps que nous envierons la suffisance nous nous aménagerons pour l'obtenir partant d'une manière quelconque ».* Le besoin étant à la base de l'expression du développement personnel chez l'individu nous comprenons en ce moment que nous nous développions en fonction de notre besoin puis le sérieux que nous placions au besoin en question c'est-à-dire l'importance que nous accordions à notre préoccupation dans le temps et l'espace, notre volonté se manifeste à minima ou à maxima par rapport à l'importance que nous accordions à la résolution de la préoccupation que nous ressentions en premier lieu nous nous intéressons à l'intérêt du déséquilibre volontariste de la personnalité qui traduit la présence d'un besoin, d'une importance puis la nécessité de satisfaire le besoin en question et cela la volonté nous ne la fuyons pas. Il s'agit de comprendre que la volonté est utile à l'émancipation de la cause humaine tant sur le plan physique que psychique mais il est cependant important de connaitre que la *: « Même volonté qui permet de réussir est la même qui enfreint la réussite en ignorant comment faire ».* La première phase d'analyse constitue à comprendre l'initiation de l'individu dans la politique volontariste développementale si le développement personnel nous l'atteignons par rapport à un engagement quelconque également la nature de l'engagement peut ne pas nous sourire donc la direction que nous donnions à notre engagement dans le cas de figure ci-dessus est cela qui nous permet de bien comprendre le déséquilibre dans l'espérance puis dans l'effort au juste il convient de ne pas se limiter seulement à la simple étape de la foi mais mieux il faut éclaircir son engagement en une foi sincère, ce qui fait en sorte que la coloration ne nous serve en rien à défaut de la jumeler avec la précision c'est une détermination assez précise de notre effort qui nous permet de dépasser au mieux le stade d'initiation à la notion volontariste du développement personnel, nous constatons que partout où l'effort se limite à la première étape d'initiation volontariste du développement personnel l'individu efface les trois autres étapes idoines à la réussite de son concours développemental. Là où nous restons avec la volonté seule déséquilibrée elle nous enfonce pour autant que ne nous éclaire et cela dit ne prenant pas en compte les trois autres étapes de la démarche développementale nous n'atteignons pas gain de cause c'est une frustration généralisée que nous vivions en comptant beaucoup sur l'effort des uns et des autres attendant peu de soi sinon même ignorant son apport à soi pour faire bouger les choses *: « Pour ne pas se tromper de résultat sachons quel calcul faire, ainsi on est limité dans son parcours quand on ne sait pas les limites de son parcours ».* Les limites de notre parcours nous n'aurons pas conscience de cela sans pour autant passer par la seconde phase de l'évolution du développement personnel, ce qui nous permet de bien satisfaire notre préoccupation développementale cyclique ce qui traduit l'échec du projet dès son début notre volonté développementale devient dans ce cas une entreprise morte née car elle n'a pas une assise fiable le choix de la volonté dans l'équilibre est utile pour promouvoir notre stabilité générale donc la conscientisation sur l'appui des autres déséquilibres le projet développemental dans son noyau ce qui sape sa réussite.

** La conscientisation par l'appui de soi*

La deuxième expression d'initiation dans l'idéologie volontariste nous expose l'attention de l'individu à mieux compter sur le don de soi en faisant face à une préoccupation quelconque donc nous comprenons dans ce sens l'équilibre de l'effort développemental dans la seconde phase d'initiation à la volonté développementale *: « L'aide à ne pas finir c'est l'aide qui finira par nuire ».* La limite de l'aide extérieure conscientise l'équilibre de l'aide en soi la volonté développementale équilibrée nait dans cette sillage ce qui veut dire que toute avancée certaine pour la réalisation du développement personnel s'appuie sur la connaissance de l'équilibre puis son adoption comme choix pour soi car une fois l'effort assaini au fur à mesure que nous évoluions nous canalisons les défis en les solutionnant. Face aux préoccupations vitales déjà nous prenons un avantage sérieux par rapport à la posture adoptée pour rencontrer le problème, l'enjeu n'empêche pas la stabilisation de l'individu s'il tient à l'équilibre développemental, l'équilibre est la base sur laquelle nous canalisons les défis, la réussite de la première étape du développement personnel nous ouvre la voie aux autres phases. Il ne s'agit pas de fuir l'aide des autres mais mieux d'équilibrer l'appui interne en soi et externe que nous attendions des autres dans le temps et l'espace, cela dit l'occupation de base de l'initiation volontariste équilibrée nous permet de comprendre sur quelle base devons-nous approcher les défis *: « Partant de l'assise de la franchise nous nous assurons d'avoir plus à condition qu'on y persévère ainsi ».* La question du développement personnel est un besoin qui s'accomplit à l'encontre des besoins c'est ce premier choix bien acté qui nous permet de canaliser les dérives qui viennent d'autres choix en somme nous convenons dans la société sur la présence des préoccupations différentes les unes des autres nous comprenons que le choix commenté nous permet de savoir que ce n'est pas en comptant exclusivement sur l'apport des autres que nous solutionnions nos problèmes dans la vie mais plutôt la valorisation de notre propre effort ainsi que l'ouverture à la critique de soi nous dénotons l'esprit de large ouverture dans cette deuxième étape d'initiation d'équilibre volontariste dans la vie car celui-ci s'établit derrière le don de soi puis l'acceptation de ses défauts afin de se parfaire constamment. Le développement personnel s'effectue sur la base d'une contrainte se comprendre logiquement ainsi que ses limites cela est un effort remarquable dans le cadre du renforcement du développement personnel en soi ; nous n'ignorons pas en ce moment l'importance qu'on accorde à nos limites car en les comblant elles nous permettent de suffire en toute intelligence, la barrière de l'équilibre et du choix permet d'une part à renforcer *la cohésion sociale car se plaçant au centre de ses préoccupations l'individu s'évertue à mieux décharger ses préoccupations sociales.* Le compte du développement personnel partant d'un équilibre volontariste nous permet de bien faire face aux défauts de la vie de renforcer la cohésion sociale ne comptant pas de trop sur l'appui des autres sachant se prendre en charge la stabilité psychologique nous permet de gagner une avancée certaine par rapport aux barrières de la vie cela nous permet de bien les canaliser au mieux. Le baromètre de la stabilité est celui utile à l'entame du projet du développement personnel plus nous tenons à la stabilité plus nous nous équilibrons au mieux face aux défis de l'existence il est utile de spécifier l'accomplissement de l'acteur nécessiteux par le développement personnel par l'acceptation de la réalité du problème auquel nous faisons face la stabilité nous permet de jouer cela pareillement ainsi on arrive à mieux contenir l'enjeu du sous- développement dans la vie. La diversité des problèmes est bien précise car nous faisons face à cela ainsi l'utilité qui garantit notre épanouissement développemental est d'assainir son engagement et de le renforcer suffisamment au fur à mesure qu'on évolue et cela au gré des défis ce qui veut dire que nous ne saurons nullement venir à bout des défis vitaux en ignorant leur nature la première phase du développement personnel dans le cadre d'initiation développementale une fois réussie nous permet de bien se positionner face aux enjeux divers. La nature de l'imprégnation équilibrée est un concours utile nous permettant de ne pas être un danger pour soi ni pour les autres en sachant ce qu'on a à faire nous ne devenons plus une charge de trop pour les autres mais plutôt nous leur déchargeons, le développement personnel marche utilement dans la mesure où nous nourrissons d'ors et déjà la volonté de franchir logiquement la barrière d'initiation ou de prise en compte de l'intérêt de notre développement en sachant répartir le besoin en question comme cela se doit c'est-à-dire en dissociant l'apport de soi de celui des autres c'est-à-dire parvenir à faire une distinction entre quand il faut compter sur les autres et quand compter sur soi-même. La place de l'ambition est bien certaine dans les deux cadres de figures couplée à la capacité de discernement de sa responsabilité à côté de celles des autres car il faudrait avoir l'ambition de son développement pour nourrir le développement de son ambition s'évertuer à équilibrer son ambition en fonction de son développement nous permet de bien pouvoir le réaliser dans la mesure du possible car c'est conscient bien qu'il y a des lacunes qui entravent la bonne exécution de notre projet de développement que nous le donnions autant d'importance nous nous armons de courage pour répondre avec exigence face au défi de responsabilité. La règle générale à retenir des deux phases d'initiation est que c'est le déséquilibre qui différencie la première de la seconde sachant la présence de l'ambition et de part et d'autre mais l'ignorance dans le cadre de la répartition de l'effort qu'on doive attendre des uns et des autres c'est cela qui compte pour bien débuter son projet de développement personnel : ***« Une bonne assise constitue toujours un plus pour la réussite d'une opération logique quand elle tient de manière discontinue, nous pouvons compter sur un résultat radieux dans nos opérations ».*** L'état du développement est fonction de l'effort de l'acteur car c'est un processus continue lequel se soutient à l'infini la conscience à notre préoccupation ainsi que la capacité de répertorier nos soucis laisse ainsi place à cela de solutionner ces problèmes en question.

La neutralité ou la partialité de l'ambition quel impact pour le développement personnel ?

La terminologie neutralité ou partialité de l'ambition comme une sous phase de la première phase du processus d'initiation à la volonté développementale catégorise les différentes sortes d'ambitions qui nous animent au gré de circonstances. Nous savons que dans la vie nous n'ambitionnons pas ce qui ne nous sert pas à première vue telle est l'impression que nous nous faisions de l'ambition en vue d'atteindre le modèle voulu ***: « Aussi durera la vie aussi durera l'ambition avec, dans l'impossibilité de dire quand nous ne saurons pas de la vie nous ne saurons nullement pas dire quand nous cesserons d'ambitionner car aussi longtemps naitra en l'humain la volonté de suffire s'éveillera en lui celle de s'accomplir pour réussir négativement ou positivement ».*** L'ambition détermine l'existence de façon générale car elle est innée à l'individu et cela selon un processus naturellement accompli en fonction de nos besoins respectifs nous ambitionnons n'est-ce pas là le problème le fait que nous ambitionnons ?

Nullement l'ambition à elle seule ne peut-être facteur de problème car si nous ambitionnons pour détruire c'est que pareillement nous ambitionnons pour construire : ***« l'ambition ne saurait-être un problème pour l'individu qui n'ambitionne pas pour réaliser des problèmes mais plutôt pour les solutionner ».*** La dimension problématique ou non problématique de l'ambition dépend de celui qui la nourrit, l'entretient puis la réalise cela dit le développement personnel ne va pas sans ambition certainement dit mais la qualité de l'ambition que cultive la personnalité détermine à la longue l'impact qu'il attendra de l'ambition en question. Dans la mesure où nous ne sommes pas sujets d'une ambition qu'on n'a pas voulu nous-même nous comprenons ainsi que nous donnions naissance à notre ambition qui doit-être comme nous la voulons mais une volonté mal éclairée ne peut déboucher sur une ambition égarée *ainsi la chaine du développement en la suivant c'est comme une opération de mathématique quand nous ratons le début et ne nous avisons pas à temps le reste du processus échoue étant la suite logique de la base, pour apporter une réalité corrective il faudrait revenir au soubassement pour éviter l'enlisement.* A quand l'ambition devient une bête féroce qu'on nourrisse contre sa progression ? L'idée générale qu'on attende d'une ambition c'est toujours ce sentiment de bien de chercher plus pour réussir plus mais si le contraire se produit sans qu'on ne le sache c'est qu'on ignore comment s'y prendre ce qui va dire que toute ambition que nous nourrissions à défaut de nous permettre de réussir nous conduit certainement à l'échec à l'image du bien et du mal l'ambition fonctionne ainsi il faut l'orienter la donner une coloration et puis compter sur son impact venant de cette coloration. Aucunement l'ambition ne nous réussira sans savoir comment s'y prendre il faudrait se cultiver au préalable pour ambitionner ensuite si nous voulons solutionner les défis avec, nous la devons certaine la responsabilité de l'individu est centrale par rapport à la réussite ou à l'échec de son ambition si l'ambition est un produit que nous créons nous ne dévons pas la laisser nous dépasser en aucun moment et sous aucun prétexte puis on la doit crescendo lorsqu'elle nous profite dans le cas contraire nous devons la changer pour un modèle gagnant. L'ambition est un processus naturel qui est en nous dans ce cas on ne peut pas s'empêcher d'ambitionner mais en ce qui concerne la création d'ambition positive ou négative en soi nous sommes acteurs en quelque sorte et nous devons faire quelque chose pour que les choses changent favorablement, la capacité de changer positivement ou négativement son ambition nous la possédons en certaine circonstance et nous la devons pour notre performance. Le processus de l'ambition dans le cadre du développement personnel doit-être mature, taillé sur mesure en adéquation avec la sorte du développement que nous voulions réaliser ce qui est sûr toujours la connaissance est une assise certaine derrière laquelle il faut rester pour s'épanouir l'ambition est un choix qui concoure à la réalisation du développement personnel dans sa phase globale l'ambition est un élément important dans l'aboutissement d'un projet car bien pensée elle permet de nous soutenir durant les phases difficiles que nous pourrons rencontrer dans le cadre de la réalisation du projet en question dans ce sens elle opère un ancrage mental suffisant à l'équilibre du quêteur du développement.

** **L'ambition comme motrice du renforcement de la crédibilité spirituelle***

La réalité de la vie laisse voir grandement les différentes possibilités auxquelles nous pouvons être confrontés positivement ou négativement cela dit il nous importe de miser sur l'apport que joue favorablement une ambition réussie dans la consistance de l'esprit combatif d'un acteur dévoué pour le développement personnel ***: « L'une des meilleures manières de réussir est de voir en la réussite une obligation bien plus qu'une option en vue de contenir l'option de l'échec par le sursaut de l'ambition ».*** L'ambition est un dopant naturel que nous possédions en nous, le fait d'œuvrer à l'élever en soi lorsqu'elle est positivement pensée cela nous permet de bien faire face aux défis du développement nous n'ignorons pas que pareillement à l'échec la réussite est une option mais celui qui tient mieux à l'option de la réussite doit d'une part en faire une obligation morale en soi pour maximiser sa chance de succès donc l'ambition fertile nous demande toujours d'en faire plus en vue de s'équilibrer. Le rôle de l'ambition est incontournable dans le processus du développement personnel cela dit la qualité est cruciale pour que cela nous rassure ou pas car permettant de mieux nous outiller face aux défis de toutes les sortes nous nous convainquons, comblons, aguerrissons partant de l'impact de l'ambition constructif ne cédant pas face à l'assaut de l'échec elle nous fait comprendre ceci ***: « Que l'échec bien appris nous ouvre la voie à une réussite certaine dans la mesure du possible ».*** Partant de ce point de vue logique nous comprenons en somme que la leçon qu'un échec nous donne peut bel et bien nous servir de tremplin pour réussir face aux soucis à venir mais tenir efficacement tout en ne perdant pas le contrôle est l'effort requis pour notre investissement ***: « D'une part on n'est pas meilleur parce qu'on n'a jamais connu la défaite mais plutôt parce qu'on n'abandonne pas la guerre ».*** L'ambition inculque dans la tête de l'individu que la clé de la réussite est dans l'endurance, la persévérance réaliste et cela vaut le coup si nous voulons réussir.

En quoi l'ambition peut-elle constituer un facteur de division ou de réunion dans le cadre de l'accomplissement d'un projet de développement personnel ?

Nous reconnaissons qu'humains nous n'avons pas la même approche de la vie cela dit autant nos compréhensions diffèrent nos considérations aussi emboitent le pas ce qui veut dire qu'on ne puisse pas s'attendre à ce qu'une ambition fasse l'unanimité. Ainsi bonne ou mauvaise qu'elle soit notre ambition à l'entame de notre projet nous ne pouvons pas compter sur l'appui de tous ce qui veut dire que la partialité et la neutralité accompagne la vie d'une ambition développementale quelconque, que tout le monde ne partage pas notre projet cela n'est nullement pas une invitation à céder face à l'avis de l'impopularité, du mépris, du rejet ou de neutralité que nous accusions voulant réaliser notre rêve. Nous comprenons dans ce cas qu'au début l'idée d'un projet de développement personnel à celui global peut-être impopulaire mais la logique qu'elle porte, la cohérence qu'elle suive, sa portée sociale en somme devient des facteurs accompagnateurs de l'acteur décidé à démontrer non seulement la faisabilité, la fiabilité mais aussi et surtout la productivité de son projet. Le fait de ne pas avoir le concours de tout le monde est une invitation à gagner la confiance du maximum de personne par son travail, sa cohérence à réaliser objectivement ce qu'il y a par la preuve de l'efficacité ***: « Quand on a le soutien de la vérité et non celui des humains, étant donné que les humains sont assujettis à la réalité ce n'est qu'une question de temps ils nous retrouverons en court de chemin au moment où ils seront convaincus de la pertinence de notre référence »***. Le développement dans ce cadre nous l'obtenons au prix de l'endurance, du travail accompli partant à essuyer des critiques infondées de la part de ceux qui sont nos probables alliés de demain quand le temps leur démontrera la suffisance de notre sens, l'ambition a cette portée logique de faire en sorte qu'on persévère sur notre voie. Une fois conscient de sa solidité ainsi elle nous aidera, d'en faire une opportunité les différentes difficultés que nous rencontrions dans la vie la stabilité est requise pour cela, comme bien exposée la volonté doit-être combinée à une ambition bien éclairée pour consolider la victoire humaine dans le cadre de la réalisation du développement général et personnel. Une fois mu de l'importance de l'ambition rarement les échecs arriveront à bout de notre détermination pourvu qu'on soit sur une voie éclairée la logique étant nous connaitrons plutôt des difficultés, consentirons des sacrifices pour la réalisation de notre cause cela est différent de l'échec car la bonne voie ne fausse pas autant la bonne opération tombe juste : ***« Pour ne pas se tromper de résultat sachons quel calcul faire »***. Plus l'ambition concorde, elle tombe mieux elle nous profite on pourra attendre un résultat harmonieux de l'exécution d'un projet clairement défini avec des moyens de réalisation bien acquise répartis comme il se doit là où il faut, ainsi fonctionne la chaine du développement personnel qui chemine sur le développement global de l'individu ainsi que de la collectivité dans la société.

*∗ **L'ambition comme un facteur d'exposition de la preuve face à l'épreuve***

Après d'âpres luttes consenties pour la réalisation de notre projet dans un second temps à la différence du premier l'heure vient au résultat qui permettront de convaincre les autres au fur à mesure que nous évoluions connaissant bien que les individus diffèrent avec leurs capacités d'analyses à chaque étape de la chaine du développement nous pouvons rassembler des gens autour de notre conviction y en a qui viendront vite par contre d'autres tarderont même si nous ne pouvons pas compter sur le soutien de tous, le projet une fois réalisé et réussi se vend bien. La dimension de la preuve face à l'épreuve de doute, de méfiance, de rejet ou de non crédibilité pourra diminuer avec des résultats probants illustratifs de notre pertinence méthodologique. Nous comprenons que parlant de différentes étapes qui conduisent du développement personnel à celui global que nous interagissions ce qui veut dire que nous ne saurons nullement pas ne pas subir l'influence extérieure d'une part le plus souvent mais le mieux est de s'équilibrer face à celle-ci pour bien s'épanouir en conduisant le projet à terme avec effet de résultat assuré et rassurant. Aucunement l'ambition éclairée ne saurait-être en marge de l'essentiel c'est-à dire la réalisation de l'œuvre développementale dans sa dimension interne et externe donc dans sa mesure personnelle que globale interpersonnelle l'ambition sert de baromètre en vue de bien aborder la réussite de l'action développementale dans le temps et l'espace dans ce cadre de vue logique l'ambition est la solution en acceptant de bien se positionner par rapport à sa rationalisation. L'effort de l'ambition est bien recommandé pour nous permettre d'assoir notre stabilité la preuve face à l'épreuve demande la stabilisation de l'engagement afin de bien permettre à l'individu de s'épanouir, la preuve par l'épreuve nous permet de bien s'éclairer face à l'épreuve des défis dans l'existence on ne saurait nullement pas ébaucher notre sujet de développement sans qu'on ait un attachement assez coordonné selon la réussite existentielle. L'épreuve c'est la problématique à solutionner pour faire valoir notre cause partant de loin la cause générale car le développement est personnel mais aussi interpersonnel car cela dit il arrive qu'on sache mieux s'équilibrer dans notre démarche si nous nous illuminons puis arrivons à mieux contenir les défis de l'existence, la preuve par l'épreuve permet de faire face avec confiance aux défis du développement c'est la confiance volontariste qui nous permet d'avoir cette idée volontariste car nous ne saurons nullement pas partager une preuve inefficace si nous n'analysons certainement pas les choses en tant que telle ***: « Tout développement réussi est fonction d'une preuve assainie en vue de nous permettre d'avoir du crédit face à l'épreuve quelle qu'elle soit ».*** La confiance dans ce sens est l'élément capital lequel nous permet de mesurer notre volonté développementale en son sein en un premier lieu arriver à bien justifier un développement ne se passe pas du rapport qui le voit naitre la lecture du rapport de cause à effet est importante en vue de situer à souhait l'importance du chemin qui nous mène au développement renforcé. La voie en question est cyclique comme dit-il faudrait-être convaincu pour être bien convaincant d'une manière juste ***: « Il est périlleux de faire confiance à celui qui ne se fait pas confiance ».*** La logique de la confrontation reste permanente dans la mesure où nous ne pouvons pas comprendre la vérité du développement ni œuvre pour la réalisation du développement recherché dans l'ignorance des enjeux qui nous séparent de la réalisation de notre aspiration en toute lucidité, le développement est un compte lequel nous nous évertuons à renforcer pour bien persévérer ce que le développement personnel et interpersonnel veut dire se résume à la résolution d'une préoccupation bien réelle à laquelle on est confronté ***: « Chaque solution constitue un développement certain dans la mesure où elle est efficace et sagace elle nous ouvre la voie à l'ascension recherchée pour promouvoir notre réussite ».*** Le développement est question de preuve face à l'épreuve ce qui veut dire que l'essentiel n'est pas d'être suivi pour réussir son challenge ou ne pas être suivi pour ne pas le réussir mais plutôt être efficace dans son chemin c'est la solution dont-il est question pour promouvoir notre développement personnel et interpersonnel. Le développement dans sa démarche est remarquable pour assoir notre confiance sachant l'épreuve face à laquelle on fait face ainsi que la capacité qui nous permet de réussir face aux difficultés ***: « Le développement ne se fait pas seul c'est l'humain qui l'acte ainsi quel genre d'individus sommes-nous détermine quel genre de développement nous vivons, la capacité à atteindre la solution, est une épreuve face à la preuve qui nous permet de réussir à fédérer autour de soi ce qu'il y a d'important pour la réussite ».***

****L'ambition comme motrice de l'union à la désunion***

L'union et la désunion se manifestent à travers nos faits et gestes partant de l'appréciation diverse de la réalité qui nous anime en tant qu'individu désireux de s'épanouir *: « En ce sens la réussite où l'échec d'un projet fait de celui-ci un facteur d'union ou de désunion ».* L'effort du développement dans ce cadre de vue logique nous le renforçons en arrivant ambitieusement à bout des défis réalisant nos ambitions comme cela se doit ce qui veut dire que nous n'aurons nullement pas la capacité de fédérer positivement autour de nous le maximum de sensibilité sans qu'on ait un travail utile de liaison à faire pour conduire notre méthodologie face au développement tant recherché. L'union ambitieuse se fait au profit du développement sincère ainsi que le rapprochement des cœurs après avoir fait ses preuves le quêteur du développement réussit sa phase personnelle et interpersonnelle ce qui veut dire que l'ambition prenne en charge l'importance du raccordement entre la connaissance et l'ignorance ce qui permet de ce fait d'arriver à mieux contenir le problème du sous-développement. La possibilité pour l'individu de savoir répondre avec cohérence à l'initiative développementale nous permet d'assurer la réussite ; notre implication à promouvoir le développement personnel ainsi que celui global passe forcément par l'accompagnement de l'instruction combinée à l'ambition, l'union nous l'opérons au fur à mesure que nous évoluions et il importe qu'on s'assume vigoureusement pour qu'il ait union ce qui veut justement dire que l'ambition certaine accompagne notre accomplissement autant nous nous nous nourrissons de l'ambition que nous cultivions pareillement nous la vendons la relation interpersonnelle car cela permet d'éclairer et de renforcer la cohésion sociale, c'est justement une force que de s'éclairer pour opérer cela dit la réussite ainsi que l'union ou la désunion autour du développement personnel ne se fait pas sans qu'on ait un regard certain sur l'orientation de l'individu, quand la démarche est certaine, elle rassure nous permet par conséquent d'être modèle à la lumière de l'ensemble des œuvres que nous posions, la preuve par l'épreuve à l'issue de l'ambition permet de fédérer les individus quêteurs du développement face à de défis multiples. La chance dans l'existence passe par l'espérance du développement de façon certaine actée en œuvre plausible, à travers l'endurance qui est nôtre nous arrivons à dépasser les défis en proposant la solution appropriée face à la réalité nous n'arriverons pas à réunir le maximum de sensibilité ni de prospérer la crédibilité à l'endroit de notre développement si nous ne nous faisons pas clair ; la suffisance est dans l'effort remarquable, l'ambition promet le sursaut de notre démarche professionnelle de rapprochement des individus.

II ETAPE D'INSTRUCTION VOLONTARISTE

* ***L'amorce de l'instruction volontariste***

La phase en question est la première sous-phase de l'expression de l'instruction volontariste de la part de l'individu nécessiteux par le développement personnel comme l'a-t-on dit tout développement est l'expression d'un besoin quelconque ainsi nous cherchons savoir plus dans le monde du développement partant de notre connaissance déjà acquise. La dimension de la connaissance humaine s'exprime de façon différente nous ne saurons connaitre au-delà de la réalité donc nous affrontons un problème quelconque avec la solution que nous détenions c'est justement conscient de cela que nous disions ouvertement qu'il importe de situer le degré de connaissance de l'individu par rapport à l'ambition qu'il nourrisse ainsi que le projet qu'il souhaite réaliser. Cette première phase est une période d'apprentissage qui permet d'ajuster et de réajuster notre tire par rapport à l'accomplissement de nos besoins ***: « Le degré d'ignorance qu'on renferme explique le degré de problème que nous vivions d'une part pareillement le degré de connaissance que nous détenions explique le degré de solution que nous vivions de l'autre ».*** L'ignorance et la connaissance s'opposent l'individu après avoir franchi les différentes tracasseries de la première phase doit s'accomplir dans une deuxième en cherchant à bien reconnaitre les enjeux dont-il fait face l'engagement il l'a déjà acquis dans la première phase même s'il est utile de l'entretenir pour ne pas le perdre car il importe de ne rien prendre pour acquis si l'on n'a pas la certitude absolue que la valeur ne nous échappera pas dans le second temps l'engagement en question doit s'illuminer en vue de le donner la force exacte nécessaire au changement ainsi il revient pour l'acteur du développement tant personnel qu'interpersonnel de s'ouvrir à la connaissance et de bien s'impliquer à attaquer les problèmes dans leurs racines. L'objectivité dans la démarche doit nous animer et la volonté d'accepter la vérité quelle qu'elle soit de se mettre au service de la connaissance et non pas de se croire tout savent : ***« Seulement l'ignorance devient un sérieux problème dans la mesure où il nous manque la volonté d'apprendre, sachant logiquement qu'individu imparfait on ne sait pas tout ».*** La capacité d'ouverture de l'individu vis-à-vis de la connaissance ainsi que des outils d'apprentissages divers et variés dans toutes les circonstances performe celui-ci en vue de lui permettre de compter sur un avenir judicieux dans le temps et l'espace. Le développement personnel, qu'interpersonnel dans sa représentation obéit à une chaine de détermination ainsi que de conjugaison de différents éléments de rôles variés n'ayant autre objectif que de promouvoir l'acquisition d'un but celui de la réussite en cela nous comprenons logiquement la raison pour laquelle nous conjuguons la connaissance à l'engagement pour qu'il nous soit utile ***: « Mieux vaut ne pas agir que d'agir sans raison ; dans la vie l'important n'est de faire la guerre mais plutôt faire sa guerre oui ».*** L'usage de l'effort humain est certes difficile à contrôler mais une fois orienté de façon intelligente nous en tirons profit, l'engagement approprié combiné à la volonté de connaitre nous permet justement de bien s'épanouir dans sa marge nous n'oublions pas la complexité du défi. C'est ce qui détermine la valeur en terme d'importance de l'acteur engagé ce qui veut dire qu'il importe mieux de situer le problème dans sa circonstance avec la connaissance appropriée puis d'apporter constamment de changements utiles dans sa perception de la réalité ***: « Une fois soucieux pour le changement on ne doit pas être un frein pour le raisonnement cela dit celui qui ne souhaite nullement pas être un***

obstacle pour son épanouissement doit s'évertuer à changer en soi ce qu'il y a de mal, à apporter de la correction à ce qu'il y a d'incorrecte en soi ». La chaine du développement de ce fait est celle de la connaissance de l'environnement physique et intellectuel dans lequel nous sommes ainsi nous devons être aptes à comprendre au mieux les changements qui s'opèrent par rapport à l'évolution socio-économique politique et culturelle dudit milieu ce qui veut dire qu'il est utile d'être malin et de prêter attention au moindre détail qui est de taille pour faire la part des choses. Nous comprenons que les premières idées qui nous animaient à l'entame du projet du développement personnel même si nous ne les abandonnerons pas tous au cours du chemin nous serons obligés de changer certaines valeurs de garder d'autres puis d'en réajuster également selon la réalité du milieu donc la circonstance, l'environnement les humains et leurs philosophies différentielles pourront nous amener à toujours bien apprendre et à se conformer ***: « à la réalité du terrain sans pour autant s'éloigner du terrain de la réalité ».*** Au fur et à mesure que nous nous imprégnions dans la réalité du développement personnel et global nous comprenons l'utilité pour l'individu d'avoir un esprit élargi, bien assis lequel ne nous demandant pas de fuir la vérité nous permet de connaitre la réalité du milieu dans lequel nous sommes ainsi que la nature de solution qui convient à notre souci. Dans ce cas chaque milieu représente un problème ou des problèmes nous comprenons que les besoins ainsi que la volonté de les accomplir émane de l'individu lui-même ce qui veut dire que le problème ainsi que la solution du problème l'humain doit s'atteler à cet exercice ***: « C'est parce que même face au besoin nous éprouvons du besoin ainsi nous comprenons pourquoi l'individu est d'une part acteur du besoin qu'il cherche à assouvir ».*** L'élément central du développement revient à la différenciation des problèmes ainsi que des solutions qui les conviennent dans la vie sachant logiquement que nous ne guérissions pas les maladies de natures différentes par une seule solution hormis l'existence de panacée qui est une solution de ce fait nous comprenons que le remède approprié pour le mal de tête ne peut pas soulager le cancer d'une part, ce qui nous appelle à comprendre justement que la solution est une réalité, elle est la réalité mais la solution diffère de la solution souvent et selon les contextes. La solution nous la savons différente de la solution pareillement concernant le problème c'est ainsi la quête de la technicité utile à la différenciation de problèmes qu'il convienne d'apprendre tout en multipliant ses sources d'apprentissages car la connaissance profite au mieux comme baromètre dans l'analyse du développement global c'est-à-dire personnel qu'interpersonnel ce qui veut dire justement que notre connaissance nous devons reconnaitre son insuffisance pour atteindre l'équilibre dans notre démarche. Conscient de la diversité des problèmes nous devons nous enrichir d'expériences multiples ce qui veut dire que les relations interpersonnelles jouent beaucoup sur l'accroissement de la stabilité du quêteur du développement car pour que le développement ait lieu le moindre détail n'est pas à négliger il convient de mesurer notre interaction et de se baser sur des complicités studieuses assez profitables de part et d'autre, donc la confrontation des idées la quête permanente de la connaissance l'acceptation du changement de sa philosophie si utile de la part de l'individu est ce qu'il y a de mieux pour l'humain, l'autonomie développementale passe par celle intellectuelle la chaine du développement ne passe pas par l'ignorance de la problématique que nous ne diagnostiquons pas convenablement. La reconnaissance de la limite ainsi que la situation certaines de différences est un appui logique pour promouvoir le développement humain dans le temps et l'espace l'une des utilités pour l'individu de savoir bien situer sa préoccupation revient à ne pas outrepasser sa possibilité de gestion d'un projet ce qui veut dire justement qu'en reconnaissant le moyen disponible ainsi qu'en rationalisant notre ambition nous nous rassurons d'aller de l'avant cela dit nous comprenons l'importance qu'apporte l'équilibre dans la gestion d'un projet. Nous ne réussissons pas un projet que nous ignorions en premier lieu, il importe de notre part de s'impliquer au mieux à faire en sorte qu'on ait un éclaircissement certain vis-à-vis du développement du projet l'ambition est utile mais nous devons la mesurer et cela se passe par la connaissance éclairée du problème ainsi que celle des solutions car ***: « En persistant à solutionner frontalement un problème dont nous n'avons pas le moyen, déraisonnablement nous nous attirons de désagrément ainsi nous nous retrouverons dos au mur à cause de la mauvaise analyse qu'on a fait preuve face à la problématique précise en réalité ».***

****L'instruction volontariste du développement face à la concession de la société***

Il est clé de savoir que quel qu'il soit notre projet de développement dans sa dimension personnelle qu'interpersonnelle ne se limite seulement pas à refléter notre pensée de la réalité le plus souvent sous forme de dictat idéologique valeur laquelle suivie pourra nous garantir la réussite tant souhaitée. Cependant il convient de poser le projet dans la dimension interpersonnelle sachant que l'individu vive généralement dans une société régie par des lois et des normes sociales lesquelles comptent pour la stabilité sociale, selon les humains imparfaits qui les ont faites ainsi parlant des règles sociales érigées par nous humains censées nous permettre de vivre en paix même si cela n'est forcément pas le cas car nous nous trompons souvent. Il importe de comprendre les autres même concernant un projet nous concernant car nous nous complétons les uns les autres ce qui veut dire qu'aucun dénie de la valeur sociale dans laquelle nous nous trouvons ne nous profite il n'est pas dit de prendre en compte les valeurs en questions pour les adopter aveuglement mais de les analyser objectivement faisant la part des choses pour enfin arriver à se situer à partir de la lecture des lignes nous savons que seule une lecture éclairée nous permet de tirer profit de notre investissement dans le temps et l'espace. Le résultat de l'effort convient logiquement à résoudre le problème si nous nous attelons à clarifier notre position cela dit c'est l'avancement de la connaissance qui nous permet de corriger certaines lacunes que nous dénotions en nous nous permettant de bien promouvoir la solution au problème, la nécessité du changement est requis de la part de la société pour qu'on interagisse mieux en vue d'atteindre la stabilité développementale recherchée. La confiance doit-être volontariste cela dit il revient de bien connaitre l'apport de la société à notre développement pour qu'on puisse mieux s'épanouir, la société joue sincèrement sur l'orientation de notre politique de développement. N'étant pas le seul interagissant nous nous devons respectueux et engagé pour la préservation de l'intérêt social général regardant sur la préoccupation des autres étant humains nous-même c'est l'ouverture de soi à la compréhension des autres. Le besoin vital ne saurait nullement se limiter au nôtre c'est la reconnaissance de cela qui nous pousse logiquement à œuvrer en s'ouvrant justement à la considération des uns et des autres sans pour autant adopter à la lettre ce qu'autrui nous recommande il s'agit par là un geste analyste lequel permettra à l'acteur du développement global de prendre en compte l'aspiration d'autrui par rapport à la détermination méthodologique de la nôtre. Dans la mesure où nous comptons sur le soutien d'ensemble pour aller de loin par rapport à l'élaboration de notre philosophie développementale, le développement dans ce sens a rapport non seulement avec le besoin immédiat différent de celui ressenti de l'individu. Mais aussi et surtout il faut compter sur l'apport de la société laquelle coopère avec nous sur la base de l'échange réciproque ce qui veut justement dire que l'importance du développement nous ne saurons nullement la déterminer seulement partant de notre point de vue mais allant de l'avant en prenant en compte l'aspiration d'autrui. L'élément central de la stabilisation de l'idée ouvrière tient à la satisfaction d'un besoin qui ne se limite pas à notre sujet exclusif donc un développement globalement réussi profite à l'ensemble ***: « Nous ne saurons nullement pas parler de développement personnel sans pour autant parler de développement interpersonnel donc chaque projet de développement comporte autant une dimension individuelle et puis collective car le produit du développement matériel et immatériel mérite partage et satisfaction de préoccupations générales de nos contemporains ».*** La connaissance du développement exprime justement la pluralisation du profit développemental car pour qu'un développement réussisse il revient de mieux situer la place de l'ensemble des individus dans le cadre de renforcement de notre développement technique comme déjà exprimé dans le cadre de diagnostic de la solution et compte tenue de la multiplicité de la solution et du problème le consensus est une valeur cruciale, forte déterminante dans la promotion du développement continu de l'individu. L'instruction de la société est donc élémentaire par rapport à la détermination de notre cadre de développement cela dit nous ne nous développons pas contre notre société mais plutôt nous nous développons avec en prenant en compte l'aspiration de la société en question ***: « Une fois soucieux du développement global dans sa dimension personnelle qu'interpersonnelle l'utile pour l'individu est de se faire utile à soi puis à autrui ».*** De ce fait aucune limite n'est tolérée dans le développement global s'il n'a autre but que de permettre à l'individu de bien s'épanouir dans le temps et l'espace cela dit le renforcement du développement en question part de la résolution de la préoccupation générale de renforcement continu de la capacité intellectuelle de l'acteur du développement. L'aspect global du développement intervient après la réussite de celui particulier, individuel ou personnel, ce qui fait que nous ne battissions pas notre développement personnel sur le malheur des autres dans ce cas il ne sera ni partagé ni appuyé mais plutôt en le voulant durable le développement doit renfermer en soi ce côté raisonnable et inclusif c'est la dimension visionnaire de l'initiative développementale. Donc nous sommes limités dans notre développement dans l'impossibilité de le limiter le diagnostic certain du problème ne nous conduit sûrement pas à une solution ratée conscient bien de cela nous comprenons en toute évidence que le développement de ce fait requière une globalisation de notre moyen d'action avec des objectifs précis pour la réalisation d'un but précis déterminé et déterminant. La reconnaissance du rôle de l'autre ou de la société dans la planification de notre politique de développement ne veut aucunement dire que nous laissions tout à la portée des autres comme déjà souligné dans le texte il convient de faire un équilibre du travail consistant à juste miser sur l'effort interne de l'individu à fournir et celui venant de l'extérieur.

*∗ **L'initiation à l'instruction volontariste l'importance de la différence***

Dans la société si ce n'est nullement pas notre seul modèle de conception du développement personnel qui existe ainsi la construction, la destruction puis la connaissance de différences et leurs impacts sur l'épanouissement ou la régression des politiques développementales cela est un élément crucial qui entre dans le processus du renforcement de capacité de l'acteur quêteur du développement ***: « Arriver à se situer entre les lignes de différences démarquant un point A d'un point B tant dans le cadre de la réussite que de l'échec est un facteur important du renforcement de notre aptitude développementale ».*** L'instruction étant un processus global et continuel sur lequel s'appuie une volonté éclairée du développement nous comprenons de ce fait que la chance de réalisation de notre projet découle d'une part sur la conscience à l'amélioration de différences à travers la connaissance technique de leurs particularités ***: « Ce qui nous empêche de développer, c'est ce qu'on développe pour s'empêcher sinon une fois le problème connu on s'éclaire sur la solution ».*** De ce fait la solution au problème du développement spécifique qu'elle soit nous l'atteignons en bien s'instruisant sur la spécificité technique du problème en question cela permet aisément d'opérer une gestion éclairée de notre préoccupation, la différence dans ce cas est souvent avantageuse ou désavantageuse ce qui veut logiquement dire que nous l'entretenions souvent à notre détriment ce qui nous évite d'agir à tort est de s'illuminer la concernant parlant de la différence dans une dimension certaine. L'apprentissage méthodologique des solutions conduisant au développement général requière justement une prise de conscience de la part du quêteur du développement sur la notion de la différence certaine et incertaine, n'obligeons pas les autres à voir de la même manière que nous mais montrons plutôt leur en quoi voir comme nous peut nous être utile ***: « A défaut des idées pour convaincre***

j'utilise les armes pour contraindre ». L'expression intelligente de la différence se fait à partir de la grandeur de la preuve que détienne l'individu face aux préoccupations occasionnées par des épreuves différentes les unes des autres ainsi notre aptitude à apporter des solutions idoines aux épreuves auxquelles nous sommes confrontées forge l'aisance de notre différence. La connaissance de la différence est la manière appropriée pour renforcer l'existence sociale avec le sursaut de la qualité développementale humaine, on ne peut pas tenir un développement inclusif sans dépasser la frontière de sa pensée à soi donc le développement étant le produit de la satisfaction du besoin demande une amélioration constante de notre connaissance en nous sur la spécificité des valeurs. Le développement nous ne saurons nullement pas l'acquérir tant dans sa dimension personnelle qu'interpersonnelle sans un aménagement certain de notre cadre d'appréciation de la réalité générale sachant logiquement la différence existante entre les manières de procéder au développement on n'est pas sans savoir que dans la quête du développement le changement est requis ainsi l'assise sur laquelle nous comptons pour prospérer s'oppose à une initiative quelconque ce qui veut justement dire que c'est en mieux s'améliorant également en s'opposant à l'initiative perdante que nous gagnions ***: « En tant qu'être de besoin l'individu s'affirme en bâtisseur accompli pour une philosophie précise en même tant qu'un destructeur fieffé d'une cause précise, il faut combattre ce qu'il y a de mal en soi pour renforcer ce qu'il y a de bien pour soi »***. Le projet de développement s'accomplit derrière une cause précise de la différence nous opposant à une autre contraire à notre cheminement idéologique pour la réalisation de notre objectif de développement global ce qui veut dire qu'on ne peut pas ne pas combattre une fois engagé pour le développement car la lutte éclairée est la preuve requise pour prouver la maturité de notre projet développemental. Ne pas compter sur le soutien de tout le monde nous ne l'apprenons pas à qui veut réussir car cela en rien n'est sûr de lui permettre d'atteindre la maturité voulue. L'autorité développementale bien recherchée réside dans la compréhension de la notion de la différence certaine, ce qu'il y a de mieux dans le processus de développement personnel est qu'on n'arrivera jamais à bien se développer pour ne plus avoir besoin de se développer, tenir sur ses gardes en parant à toutes éventualités dans la différence est la valeur culturelle requise pour se protéger de grands désagréments de la part de l'individu. Par la différence également s'établie l'équilibre de l'instruction développementale, la confiance nous la cultivons partant d'une différence quelconque comme nous l'avions su bien expliquer que la seconde phase ou la phase d'initiation dans l'instruction volontariste s'appuie sur la connaissance globale de la problématique à laquelle nous faisons face ce qui veut également dire qu'il convienne de bien s'investir dans une logique de dynamisation intellectuelle laquelle nous permet de connaitre la différence nous opposant aux uns et aux autres en vue de savoir mieux gérer les écarts nous parlons du développement comme l'expression de la solution dans le raisonnement. Cela dit derrière chaque solution acquise nous trouvons l'expression d'un développement certain lequel ne se limitant seulement pas à la satisfaction de nos besoins à nous parlant de l'individu quêteur de la suffisance mais à une plus grande échelle nous nous penchons sur la satisfaction de l'intérêt général. Le développement s'accomplit contre le manquement en tout état de cause pour s'épanouir il faut chercher constamment à remonter les sources des ennuis auxquels nous sommes confrontés dans le temps et l'espace et cela derrière la différence de la connaissance.

∗ ***L'initiation à l'instruction volontariste face à l'enjeu du changement référentiel quel impact pour le développement global ?***

Le développement global, réclame justement l'importance d'un teste global par rapport à l'amélioration de notre stabilité intellectuelle sachant logiquement que notre épanouissement ne se passe pas de la connaissance, l'instruction demande l'acceptation du changement dans certaines étapes de l'évolution de la vie ce qui veut dire que nous nous préoccupions pour le développement pour autant que nous soignions le changement, on ne saurait faire obstacle au changement en tenant compte au développement personnel qu'interpersonnel. La connexion est bien réelle entre la connaissance et le changement parce que si nous ne nous cultivons pas pour régresser nous opérons certainement de changements adaptés à notre progression c'est l'exigence de la connaissance à faire valoir la confiance de notre stabilité, la décision du développement nous la pensons souvent singulièrement sans pour autant oublier que collectivement cela est aussi possible ce qui veut dire ainsi que toute évolution certaine réponde à une prise de conscience déterminée et déterminante face à un problème précis. La volonté du changement ainsi que la confiance dans le travail c'est cela l'assise de l'œuvre développementale nous comprenons de ce fait que la connaissance est généralement requise dans le souci d'apporter un changement notoire à notre façon de faire ce qui veut dire justement que l'établissement d'un rapport de développement certain revient à l'élaboration d'une conscience de changement permanent qui s'effectue au fur à mesure que nous apprenions de nos erreurs de même que de nos interactions avec la société globale, l'effort du développement s'accomplit toujours avec une volonté de changement efficace tenant à apporter en soi ce qui nous manque pour réussir ne comptant pas sur le manque pour s'épanouir on investit de l'effort pour déterminer notre puissance de collaboration générale, ce qui convient pour tenir comme il se doit c'est de croire à l'avenir du changement quand il se nécessite ***: « Ainsi celui qui s'oppose au changement voulu par le raisonnement s'érige en obstacle synonyme de désagrément sapant sa volonté d'épanouissement »***. La volonté de développement humain qui nous caractérise se passe dans un élan d'observation mesurée de la volonté du changement qui s'impose ou pas en nous en fonction de l'adéquation de notre stratégie avec la solution du problème on doit s'atteler à ne passe être à la base de notre souci, c'est la connaissance seule qui nous permet d'opérer le changement viable recherché pour équilibrer notre démarche ***: « Par le biais de la connaissance au mieux nous changeons ce qu'il y a de mal en nous pour renforcer ce qu'il y a de bien, quand le mal change, change en bien***

c'est que le changement est profitable ». L'échange social est utile car il permet d'équilibrer notre vie en réajustant constamment notre capacité intellectuelle avec la réalité du terrain au fur à mesure que nous découvrions des réalités différentes les unes des autres donc nous comprenons le changement dans l'effort de l'engagement pour faire aboutir heureusement un changement en tirant profit de notre investissement. Tout ce qu'il y a de nécessaire dans le cadre de l'interprétation tout comme de la formation dans l'appropriation de la méthodologie du développement durable recommande un rapport de changement positif lequel doit-être opéré logiquement en fonction du moyen disponible par l'individu ce qui veut justement dire que notre changement positif a trait avec l'évaluation certaine de moyens dont nous disposons, le moyen détermine dans ce sens l'effort de l'épanouissement de l'humain. Le changement qui s'opère par rapport à la dimension technique du développement ainsi que celle matérielle recommande un accompagnement intérieur et extérieur dans la mesure du possible comme déjà déterminé en voulant la stabilité dans notre existence nous devons bien savoir déterminer l'équilibre utile existant entre l'effort en soi puis l'effort de l'autre donc les différents efforts combinés constituent la force du changement et de chargement contre le défi qui nous empêche de prospérer. Le développement est une démarche, laquelle réussit ou échoue en fonction de la méthodologie par laquelle nous l'abordons il s'agit en premier lieu de se construire logiquement techniquement et physiquement par rapport à la mesure par laquelle nous arrivons à donner satisfaction à notre doléance de développement qu'on s'impose puis nous attendons pareillement le souhait des autres d'arriver à s'épanouir justement. Le changement de fond en comble est un idéal lequel s'opère dans l'activité humaine dans ce sens nous comprenons sagement que toute l'importance requise par rapport au raffermissement de notre développement général passe justement par le canal d'un suivi persévérant dans notre fonctionnement, le développement est un enjeu et non pas un jeu il convient de l'aborder en l'accordant toute sa valeur requise ***: « Impossible d'arriver au***

développement matériel sans passer par le développement technique ». Le développement technique détermine celui matériel ainsi il convient de mettre en avance le rôle des idées pour pouvoir bien s'épanouir en toute lucidité, il est vrai que tout épanouissement réponde à une implication lumineuse de la part de l'individu à ne pas se limiter seulement à l'expression de la connaissance générale de la problématique mais plutôt à chercher à mieux connaitre les enjeux du développement pour arriver à développer les choses de manière utile, on s'attend ainsi à une régularisation certaine de notre cadre de vie en affrontant courageusement les défis du développement n'ignorant pas que faire ? Quoi entreprendre face aux défis multiples de la vie ? Derrière chaque idée de développement personnel se cache celle de résolution générale de la part de l'acteur soucieux de l'émancipation à bien garantir son avancement, ainsi nous comprenons de ce fait que le changement est l'élément fondamental auquel nous aspirons en voulant s'épanouir mais nous ne l'obtenons pas qu'en faisant attention à ses habitudes en acceptant d'opérer l'effort recommandé en vue d'atteindre la satisfaction nécessaire. L'idée de changement est aussi celui du développement comme déjà indiqué la nature du changement compte pour déterminer celle du développement, la résolution de l'individu se fait tout au long du processus du développement derrière la conviction de la réussite chez l'individu ***: « Si on ne se développe pas en se mentant, c'est qu'on ne se mente pas pour se développer »***. Il faut bel et bien s'engager pour opérer un développement dans sa vie mais le changement à la base du développement durable est un changement raisonnable, sagement recherché dans le temps et l'espace ce qui nous conduit logiquement à l'atteinte de notre objectif du développement, l'accent est mis sur le changement car il ne nous réussit pas en se mentant, mieux en s'accomplissant, en s'inventant l'assise du développement demande de la persévérance à l'individu c'est la dimension technique de l'émancipation, s'instruire sur le modèle des autres en changement ce qu'il y a de mal chez soi c'est le véritable creuset du développement global.

Le volet de la préservation contre le changement et le changement contre la préservation dans le développement global ?

Toute initiative du développement répond à l'idée d'un changement quelconque à notre faveur car voulant améliorer les choses nous nous attelons de ce fait à améliorer leur rentabilité. Dans ce cas l'idée du développement pour et contre le changement pose la problématique de l'avancée globale derrière le choix humain qui se traduit par notre aptitude à sauvegarder les acquis technique et physique positifs contre la détérioration dans la vie tout en changeant les mêmes acquis qui nuisent c'est les deux branches contradictoires de la connaissance du développement. Le changement est l'assise de l'avancement programmé lequel doit subir constamment de mouvements l'individu sachant son existence limitée ne doit pas ignorer l'importance pour soi d'opérer pour promouvoir son salut à lui ainsi c'est en se révoltant contre l'insuffisance en soi que nous cultivions la suffisance comme choix en toute lucidité ***: « La nécessité du développement s'accompagne par une invitation au sauvegarde de ce qu'il y a de mieux pour soi pour ensuite occasionner l'abandon de ce qu'il y a de mal contre soi ».*** Le changement certain nous l'opérons dans ce cadre en connaissance de vrais enjeux du développement tout en déterminant ce qu'il y a de mieux pour nous de ce qui ne nous avantage vraiment pas, l'important s'appelle le diagnostic éclairé de la problématique face à laquelle nous nous retrouvons donc il est évident de connaitre que chaque volonté de développement s'appuie sur deux bases contradictoires d'évolution de l'aspiration humaine il y a des acquis à sauvegarder tout comme des valeurs à changer pour assurer le progrès social. Le changement utile demande une analyse notoire des défis en plus des solutions innovantes nous permettant de les résoudre il y a là une volonté affichée de la part de l'acteur engagé pour le développement à bien faire face à ses soucis, les solutions du changement sont au niveau interne qu'externe mais aussi et surtout l'ouverture de l'individu aux solutions externes est déterminante ce qui est recherché dans ce cadre c'est l'efficacité et l'efficience de notre solution ce qui déduit qu'elle peut changer à tout moment une fois à la quête de la solution gagnante, il convient dans ce fait d'œuvrer à ne seulement pas se limiter à notre porte de sortie mais plutôt à aller constamment en quête de recouvrement permanent de solution certaine *: « Le développement global ne s'acquière pas en ne comptant exclusivement que sur soi, sa vie, sa conviction mais une fois nécessaire il convient de compter réellement sur l'avis des autres pour renforcer sa personnalité ».* La quête de la solution permanente ne demande autrement qu'à œuvrer durablement en prenant en compte l'œuvre des autres le cadre de l'efficience et de l'efficacité joue beaucoup sur l'émancipation générale des individus que nous sommes.

En quoi consiste-t-elle l'efficacité dans le résultat ?

L'efficacité dans le résultat consiste à atteindre un but déterminé et déterminant dans le temps et l'espace partant d'une méthodologie logiquement applicable pour réaliser ses objectifs. L'objectivité dans la détermination de l'efficacité opérationnelle du développement dépend du niveau de stabilité intellectuelle de l'individu ce qui déduit le fait que c'est en s'accomplissant loyalement que nous atteignions la satisfaction du développement personnel et global, le résultat peut-être certes efficace mais non efficient. Demandant plusieurs effort ainsi que de chemins sinueux ou kilométriques pour qu'on puisse arriver à réaliser ses objectifs dans le temps et l'espace, ainsi c'est l'efficience qui nous recommande de changer si utile de trajectoire changement lequel profite nettement à l'avancement de l'individu ce qui relève de notre souhait si réellement notre volonté est de bien s'épanouir. Il faut comprendre sagement que nous ne réussirons pas notre quête du développement personnel multisectoriel sans qu'on ne s'ouvre au préalable au jugement des uns et des autres ***: « Le fait d'arriver à reconnaitre la limite de son jugement en plus d'opérer le changement qu'il faille, dénote la volonté de l'aboutissement du développement global en soi par l'individu ».*** L'importance de la connaissance est incontournable à souligner dans le cadre de la détermination de la réalité générale il ne s'agit pas de négliger notre apport personnel ou de minimiser la solution que nous apportions à notre propre niveau mais cela est une invitation à reconnaitre notre limite pour forger le mérite auquel nous aspirons. Donc la volonté du développement personnel tant toujours à nous rappeler l'importance de la culture de l'humilité en soi tout comme choix de la part de l'individu car il n'est nullement pas évident de compter sur un développement pour l'individu fuyant les règles de la réalité qui stipulent une bonne orientation puis adoption de la voie de l'entraide ***: « dans la société pour la réussite la complémentarité est une nécessité ».*** Nous apprenons à travers nos différentes implications à raffermir notre volonté intellectuelle générale sachant notre limite ce qui vaille pour promouvoir notre développement général c'est toujours l'union de l'efficacité et de l'efficience dans nos résultats ainsi comment promouvoir cela en fuyant l'essentiel ? Il importe pour tout humain nécessiteux de ne pas ignorer la diversité de solutions ainsi que celles de circonstances dans lesquelles nous nous retrouvons confrontés aux problèmes ce qui déduit l'importance du facteur détail dans le moindre détail la connaissance méticuleuse des différents facteurs expliquant le changement positif ou négatif dans l'orientation de l'individu nous permet de bien s'outiller pour faire face aux problèmes de quelle nature qu'il soit. La solution au développement est l'émanation d'une connaissance recherchée permanemment pour renforcer notre capacité ***: « Là où la connaissance s'absente la suffisance et l'indépendance s'éclipsent avec ».*** L'atout du développement personnel ainsi que global requiert notre avancement dans l'amélioration de nos lacunes personnelles en s'innovant puis en s'inventant constamment dès lors que nous sollicitons la satisfaction éprouvons un besoin de développement précis nous nous devons de la retenue face aux agissements émanant de l'opinion ignorante mais en connaissant logiquement, l'apport général de la connaissance qui fait de nous un éternel quêteur de la solution n'ignorant pas notre statut d'apprenant cela dit en toute utilité, l'essence de notre accomplissement développemental pour qu'on s'assume l'efficacité se cherche puis s'améliore constamment mais nous ne l'acquérons généralement pas comme acquis nous la renforçons au fur et à mesure que nous évoluions en terme d'appropriation de connaissance. L'effort du développement passe par la reconnaissance de l'efficacité puis de la droiture dans la réalisation de nos besoins donc c'est du rôle de l'individu de faire constamment une quête de mise à jour de la solution qui est notre sachant logiquement notre capacité limitée cela dit l'amélioration constante de notre connaissance profite à l'élévation de notre aptitude ainsi que notre facilité à répondre aux chocs cela permet de nous équilibrer au mieux face aux défis du développement. Il s'agit logiquement de ne pas limiter exclusivement l'efficacité à notre niveau mais plutôt à la généraliser ainsi qu'à la renforcer chez soi c'est ce changement constant émanant de la volonté du renforcement de capacité à laquelle tient l'individu qui lui permet de répondre aux défis de toutes les sortes. Le grand apport du développement général à l'équilibre social passe par la sensibilisation à l'efficacité dans la solution donc mieux nous nous prêtons à- réajuster notre méthodologie développementale avec les soucis du développement mieux nous nous épanouissons dans le temps et l'espace. Le développement dans ce sens est une clé de l'efficacité actée dans la mentalité notre activité pour qu'elle parvienne à la réussite finale passe par le canal de l'efficacité lesquelles se devancent les unes les autres ce qui veut dire qu'autant la solution est plus performante que la solution autant l'efficacité est plus performante que l'efficacité dans le temps et l'espace, l'élan d'un développement harmonieux passe certainement par une meilleure compréhension du circuit du développement global ce qui est vital, à l'accomplissement du besoin de satisfaction de l'individu que nous sommes ***: « Que l'efficacité change à la rencontre de l'efficacité ce qui ne doit nullement pas faire de l'efficacité une barrière contre l'efficacité, mais plutôt cela renforce le changement dans l'efficacité pour nous permettre de nous assurer face aux défis multiples de l'existence ».*** Dans ce cas il s'agit de ne pas faire pour l'efficacité une barrière à l'encontre de l'efficacité mais plutôt un appui à l'efficacité ce qui demande la combinaison des valeurs utiles au renforcement de l'équilibre donc une union des valeurs efficaces nous permet de mieux s'arranger dans un équilibre certain recommandé pour notre épanouissement. L'utile se justifie par rapport à notre accomplissement général cela dit nous ne saurons nullement atteindre le développement efficace en le limitant au nôtre, donc savoir que tout ne se résume pas à notre façon de voir et de faire nous permet de bien s'en faire sachant ce qu'il y a à faire la recherche de l'efficacité est cette action majeure laquelle il faut entreprendre pour nous permettre de bien s'épanouir s'il y a un frein dans l'épanouissement c'est la connaissance éclairée couplée à une envie de changement permanent et raisonné qui détermine la logique de l'efficacité certaine du développement. La connaissance par l'individu de ses limites ainsi que son appropriation de méthodes innovantes rentrant dans le cadre de son renforcement physique et psychique fait de lui un véritable militaire du développement ***: « Ce sans quoi le développement n'est pas possible c'est aussi et surtout la prise en compte de ses limites lesquelles sagement connues nous permettront en terme de fait de combler nos lacunes en vue d'épanouir nos forces ».*** Tout au long du processus du développement dans sa dimension globale que personnelle ce qui vaille est de se mettre constamment à la tâche ***: « Aussi longtemps que nous aurons quelque chose à apprendre, à adopter, à changer, on aura quelque chose à développer en soi puis à développer chez les autres dans une dimension large ».*** La juste mesure du développement dans ce sens ne se limite dans une seule appréciation mais dans la quête permanente de la connaissance laquelle dûment acquise nous permet de se stabiliser en toute quiétude, le développement s'opère face à un défi précis dont la prise en compte détermine notre courage à le relever en toute assurance. Donc l'importance dans une activité développementale est la juste considération que nous faisions de la réalité en s'y attachant logiquement à la réussite de l'efficacité sous toutes les dimensions de l'appréciation logique de la réalité comme nécessairement requise l'amélioration de la mentalité de l'intéressé en accord avec le principe du changement de l'intérêt développemental. Cela est une considération recherchée dans l'amélioration de la rentabilité dans le résultat de l'individu engagé il convient de comprendre que tout le processus acheminant au développement passe par la connaissance de l'individu de réalités différentes les unes des autres ainsi nous en déduisons que : ***« Celui qui connait plus, se développe plus à condition qu'il accepte d'adopter le produit de la connaissance contre l'insouciance de l'ignorance ».*** Le produit de la connaissance doit dans ce cas être utilement utilisé et cela de manière constante contre les failles de l'ignorance sources d'instabilité dans la vie donc le développement dans ce contexte recommande la prise constante du don de soi pour illuminer son choix, le sens de l'importance du développement s'accomplit toujours à l'encontre de l'ignorance ce qui nous permet de bien se garantir dans sa démarche ce qui nous permet d'ouvrir la main à un développement conséquent c'est dans ce sens certainement que l'accomplissement du développement général ait lieu donc l'importance du développement est dans notre raisonnement certain, pour s'assumer dignement.

En quoi consiste l'efficience dans le développement ?

Le développement se réussit dans son côté efficient par la même intelligence qui nous permet de gérer l'efficacité d'atteindre l'efficience ce qui veut dire qu'on ne doive pas limiter la connaissance à sa simple dimension de présence de ressources disponibles dans la vie ce qui veut dire dans ce cadre de vue logique que pour se développer déjà nous faisons face à une réalité quelconque qu'est celle du manque et cela demande l'efficience pour accomplir comme cela se doit son rôle ***: « Si la nécessité du développement nous situe dans un élan d'insatisfaction donc le mieux pour nous est de savoir gérer le peu de moyen qu'on a, le fructifier en vue d'atteindre le moyen large lequel nous convoitons dans le temps et l'espace en cela se traduit l'aspect efficient du développement dans son raisonnement ».***
L'autorité du développement passe par une appropriation par l'acteur nécessiteux de la règle de l'efficience en sa base en vue de réussir sa démarche

méthodologique, le détail de l'intelligence est la seule valeur utile à faire une telle différence dans le fait, l'élément capital du développement personnel passe logiquement par un diagnostic aisé de la problématique ainsi qu'une gestion éclairée de ressources utiles à la réalisation de notre projet nous savons que le projet dans sa globalité demande une réunion de *moyen techniques, financiers matériels et immatériels de façon générale.* La réalisation efficiente d'un projet de développement passe par une notation certaine de notre souci développemental le diagnostic bienfait nous permet dans ce sens d'apporter la réponse appropriée à la problématique il est toujours utile de ne pas se limiter à notre analyse limitée de la connaissance si celle-ci n'est pas raisonnable, cela dit nous comprenons en ce moment que les problématiques mal diagnostiqués ne nous permettent nullement pas d'atteindre l'ascendance dans le but recherché. La réussite du projet ne se limite seulement pas à un investissement désordonné de moyen mais *la classification puis la limitation de moyens* est nécessaire, cela permet d'atteindre un résultat cohérent dans l'investissement qui est nôtre donc la réussite d'un projet de développement passe nécessairement par l'éclaircissement du quêteur du développement à faire en sorte que l'efficience se matérialise dans son implication dans le temps et l'espace. La clé du développement passe par l'ensemble des moyens techniques et matériels requis pour la résolution de notre cause si toutefois il nous revient de comprendre l'effort social utile à consentir pour la promotion de notre développement l'efficience est l'assise qui l'accorde la stabilité requise puis nous permet de compter sur l'essor concernant notre projet du développement, la conscience du développement est à cultiver constamment si l'on ne se ment pas concernant la réalité développementale en question. La gestion du développement combine l'efficacité et l'efficience dans ce cas nous permettant d'aller de l'avant car toute forme de résultat permettant à l'accompagnement puis à la stabilisation de l'effort développemental d'un individu demande notre aptitude à combiner l'efficience et l'efficacité dans nos faits et gestes dans le temps et l'espace ; l'élément central de notre développement est la base de tout avancement et cela se passe en présence de la connaissance du problème du fond en comble donc c'est de manière assez intelligente, c'est dans ce cadre de vue logique que la connaissance joue son rôle fondamental par rapport à l'accomplissement du développement général, le développement est l'élan majeur émanant de la réalisation de notre préoccupation. Ce qui nous permet de changer ce qu'il y a d'inutile chez soi en vue d'atteindre ce qu'il y a d'utile comme choix, il faudrait logiquement se soucier pour se développer, prendre des leçons utiles de part et d'autres pour bien forger son caractère c'est le rapport d'interaction entre les humains par rapport à des circonstances différentes qui nous permet de mieux connaitre le développement général, le rapport du développement ne se limite seulement pas dans son cadre interne comme a-t-on dit l'aspect externe compte également pour nous permettre de globaliser notre chemin de vie. Le développement en tant qu'idée d'accompagnement de l'amélioration de la condition de vie humaine ne se joue pas contre l'humain qui souhaite l'opérer comme choix. Le développement global répond dans ce cas à la règle de liaison des valeurs nécessaires à l'amélioration de notre manière il revient de se contrôler, pour se développer ainsi que de s'équilibrer avec assiduité face aux soucis de l'existence ***: « Nous sommes limités dans notre développement ignorant comment limiter le développement et cela en ne combinant pas efficience et efficacité ».*** L'effort du développement ne peut nullement pas s'aboutir à l'encontre de la connaissance certaine des faits pour que la richesse s'opère en soi il faut opérer contre ce qui la freine c'est l'instruction de l'efficience dotée à l'efficacité sous la houlette de la connaissance qui donne la suffisance à notre espérance, l'expérience profite justement au développement en la voulant équilibrée, la sagesse nous soutient par rapport à sa réalisation donc nous voyons que la : ***« Discipline est à la base de la fortune, nous permettant de contrecarrer les lacunes nuisant à notre aboutissement ».*** Le développement est le rappel à la discipline de l'individu pour coopérer avec la richesse nous réussissons avec justesse ce qui favorise notre épanouissement cela dit nous développons notre approche développementale : ***« On ne se soucie pas du développement en promouvant des soucis contre le développement mais pour le développement oui ».*** Le souci du développement nous l'actons en opérant c'est-à-dire posant des actes contre le sous-développement plutôt qu'avec le développement ce qui veut dire que l'intelligence opérationnelle nous permet de bien réussir nos activités avec cohérence cela dit on ne saurait sagement atteindre la stabilité dans notre démarche existentielle en se passant de la raison comportementale, la conduite la mieux certaine est celle qui s'opère à l'encontre de l'illusion, le circuit du développement est un chemin éclairé logiquement certain lequel nécessite justement de l'entretien à celui qui souhaite le tirer profit ce qui veut dire que le développement en toute circonstance passe par l'épanouissement de notre existence. L'influence de la connaissance est l'ordre de la suffisance recherchée pour renforcer notre stabilisation ce qui nous fait croire à l'apport certain de notre considération volontariste du développement général, la volonté éclairée de l'individu lui procure la motivation recommandée pour aller creuser dans les moindres détails de la connaissance pour mieux s'assumer. La croyance solidaire et salutaire à la règle de la cohérence développementale nous dit clairement que le développement est la solution requise pour notre épanouissement, l'élan du développement est l'effort de la solution comptable et capable pour rendre notre épanouissement raisonnable dans le temps et l'espace. La chance nous la multiplions dans le cadre du renforcement de notre capacité du développement en prenant en compte l'importance requise pour notre stabilité ce qui veut sagement dire qu'à défaut d'apporter de la crédibilité à notre personnalité, que la formation de sa personnalité est l'élément clé de notre accomplissement. Cela dit souhaitant se développer on doit bien changer ce qu'il y a de mal en soi pour justifier ce qu'il y a de mieux comme choix en passant par l'ensemble des valeurs recherchées de la part de l'individu dans le cadre de la valorisation de notre touche développementale. La guerre est la clé de l'épanouissement mais pas n'importe comment, arriver à connaitre la manière par laquelle nous arrivons à entrer en contact avec le développement, est l'effort sincèrement requis pour notre salut, nous nous développons au fur à mesure que nous rentrions en possession de ce qu'il y a d'utile pour accompagner notre développement ainsi le circuit du développement selon la chaine retracée au début de l'ouvrage nous permet d'aller de l'avant dans notre perspective du développement durable.

** Le souci du développement volontariste global face à l'enjeu de la recherche, de la classification puis à l'orientation des moyens*

L'un des arguments les plus plausibles nous menant à l'atteinte d'un défi développemental passe par l'accompagnement intellectuel de l'individu du processus de recherche de ressources dynamiques utiles à la réalisation de ses objectifs. La vérité dans ce sens nous permet de situer le développement dans son juste contexte en n'ignorant pas qu'il nécessite non seulement l'engagement de l'individu comme ressource élémentaire indispensable à sa réalisation mais aussi et surtout différentes ressources qui rentrent dans le domaine nous permet d'équilibrer notre démarche développementale. Le développement est une condition idoine à la promotion de l'émancipation continuelle de l'individu dans ce sens après avoir fait un diagnostic éclairé de la problématique qui est nôtre il nous revient de ce fait de savoir bien mesurer les différents moyens rentrant dans l'exécution du projet matériels et immatériels ce qui fait en sorte qu'il nous revienne de savoir bien gérer son équilibre existentiel. Il importe de toujours dire avec lucidité que c'est la fin qui justifie le moyen cela dit nous persistons dans le problème dès lors que nous souhaitons profiter de la solution d'un problème qu'on n'a pas su solutionner d'une part d'autre part nous nous acheminons vers la réalisation d'une solution partant du renforcement du problème c'est toujours s'enfoncer dans le problème. Dans ce sens l'important dans le cadre de la détermination du moyen d'engagement pour la résolution du problème, requière de mettre exclusivement la connaissance au-dessus de tout donc c'est l'aspect immatériel de la programmation puis de l'organisation de la solution qui est requis en vue d'arriver à bout de notre espérance, la connaissance permet de structurer de manière intelligente et ordonnée la notion de la connaissance générale. Ainsi nous arrivons dans un second temps à positionner l'intelligence matérielle des ressources humaines dans le temps et l'espace. Les deux premières étapes du diagnostic qui passent par l'apport immatériel de l'expertise de l'acteur ainsi que la quête des ressources matérielles pour la réalisation du projet ou la mise à disposition des ressources matérielles pour l'accomplissement du projet, il nous revient également de savoir-faire une bonne catégorisation des problématiques ainsi que les propositions de solution qui les conviennent parlant de l'efficience et l'efficacité ; pouvoir faire une réserve est bien utile. Il s'agit d'apporter les ressources utiles à la résolution du problème sans pour autant procéder au gaspillage de celles-ci ce qui recommande le juste milieu exemple pour le problème de la faim il faut juste manger de façon équilibrée tout en évitant les excès de toutes les natures peu importe notre abondance, pareillement partout où nous travaillons nous devons agir avec mesure ne dépassant pas les normes en gardant l'excédent de ressources pour notre usage ultérieur cela dénote de l'efficience de la gestion de la ressource ainsi que de l'efficacité de la gestion du problème ce qui conduit à la solution qui est une richesse contre l'insuffisance du problème. Dans ce cas donc en restant équilibré dans l'alimentation, dans le divertissement tout comme dans le travail etc. Nous gagnons de l'ascendance par rapport à la réalisation de nos objectifs l'élan de la réalisation certaine du projet qui nous tient à cœur passe par l'effort de la connaissance utile requise pour la promotion de notre épanouissement dans la vie ce qui déduit logiquement la réussite dans nos projets bien savoir diagnostiquer, apporter les ressources nécessaires à la résolution du problème ainsi que rester fermement derrière le cadre de l'efficacité et de l'efficience ces différentes valeurs réunies font la grandeur d'une démarche développementale volontariste.

CHAPITRE II

LE DEVELOPPEMENT PERSONNEL EN QUATRE ETAPES

**L'initiation à l'opération volontariste du développement personnel*

La phase de réalisation des acquis obtenus dans la phase précédente

**** La réalisation facile ou la réalisation primaire***

Cette phase de réalisation est le premier niveau de l'imprégnation de l'acteur dans la réalité de l'opérationnalisation de l'activité du développement personnel à celui global. Dans cette phase nous dénotons l'application du produit de la volonté et de l'instruction assimilée dans la première phase ainsi le terrain diagnostiqué combiné à la volonté d'engagement de l'individu permet à ce dernier d'arriver à mieux s'investir pour la réalisation de l'objectif du développement qui lui soucie. Il est nécessaire de rappeler l'importance de connaitre que l'aspect technique et matériel d'une problématique prouve à suffisance que nos soucis ne nous sont pas étrangers ce qui veut dire logiquement que l'application de l'acteur dans la phase primaire de résolution d'un souci est une application prudente car de la théorie à la pratique le plus souvent nous assisterons toujours à un écart aussi facile qu'il soit ***: « Le chemin qui sépare la conception et la réalisation d'un projet nous apprend le plus souvent de différences à apprendre ; détails lesquels sont importants par rapport à la réalisation réussie du projet ».*** Le développement dans ce cadre obéit à un apprentissage permanemment de la réalité du terrain d'application du projet s'il est vrai que le diagnostic technique nous révèle certaines informations sur la réalité du terrain puis l'accompagnement de la réalisation judicieuse du projet cependant qu'en est-il pour les réalités qu'on ignore ? La mobilité intellectuelle de l'exécuteur du projet s'affiche à côté d'une volonté apprenante dévoilée car ***: « Car de la théorie à la pratique on peut s'attendre toujours à de nouvelles réalités à découvrir, à de nouvelles manières à changer ainsi qu'à la nécessité de préserver certains acquis avantageux pour la réussite ».*** La mesure indicative en termes de baromètre de la réussite et de l'échec de notre projet tient toujours à élever en soi la nécessité permanente de se cultiver de se renforcer en vue de s'épanouir dans sa logique de gestion de la problématique traitée. La première phase consiste à un renforcement de premier degré de nos notions tant sur la volonté que sur l'instruction ce qui veut dire que la méthodologie de gestion du projet qui ne réussit pas détermine la présence d'une lacune à corriger pour remettre le projet sur le rail, l'émancipation s'acquière à travers une volonté constante appuyée sur la nécessité d'apporter les changements techniques et pratiques pour mieux saisir le fond de la problématique ***: « Nous comprenons au mieux que lors de la phase de la réalisation d'un projet les leçons que nous apprenions sont généralement les meilleures ainsi la réussite ou l'échec du projet, les périodes de difficulté ou d'abondance que nous connaissions à partir de notre plan exécutoire du projet nous permettent de faire un réajustement positivement structurel pour s'épanouir ».*** La phase de la réalisation première du projet de développement personnel permet à la partie exécutoire de bien reconnaitre ses erreurs en vue de renforcer ses atouts car c'est dans l'arène que nous nous battions nous confrontions à la vraie dimension du problème pour mieux s'épanouir concernant le fait de mieux maitriser le défi que nous souhaitions relever dans le temps et l'espace. La vraie valeur d'un projet de développement nous commençons à mieux l'approcher à l'entame de la phase exécutoire du projet en question, la solution réelle à nos problèmes revient à ne pas s'empêcher de travailler mais à mieux travailler pour ne pas s'empêcher : ***« Aussi longtemps que nous n'apprécierons pas le problème à sa juste valeur nous faisons erreur sur sa solution, nous n'atteindrons pas la solution voulue ».*** Il est certain sans ambages qu'il ait un affrontement réel entre l'acteur du projet et la connaissance du problème en question pour qu'on puisse mieux répondre en guise de solution à chaque phase de la réalisation du projet nous apprenons de nos erreurs principalement la première phase est celle partant de laquelle nous nous rendons compte de notre insuffisance à pouvoir gérer notre projet à souhait cela dit une gestion concertée de projet nous ne saurons nullement l'améliorer sans pour autant s'évertuer dans la persévérance certaine, l'acquis développemental lequel nous cherchons à mieux s'investir pour se retrouver. La connaissance du problème, est justement une information constante dans le renforcement du développement personnel, l'étape de la réalisation nous permet de mieux se convaincre en vue de vaincre la phase est facile mais aussi difficile car la facilité fait référence à l'innocence de la partie exécutoire en général ce qui fait en sorte que nous sommes souvent confrontés à des défis grandioses auxquels on ne s'attend pas. La nécessité de mieux s'améliorer pas à pas pour l'opérateur du projet donc on s'équilibre du jour le jour au fur à mesure que nous évoluions donc l'élément central de toute évolution développementale recherchée cela dit n'importe quelle appréciation ne conduit pas à la réussite des valeurs à l'harmonisation de solution, la première étape est l'étape charnière laquelle est recommandée pour mieux préparer notre réussite. La phase débutante prouve à suffisance que nous ne sommes pas assez outillés pour ne plus apprendre de nos erreurs face à l'euphorie de débutant c'est l'étape qui le plus souvent nous appelle à beaucoup plus de prudence dans l'évolution du gestionnaire de projet, il importe toujours de garantir notre développement stratégique pour ne pas échouer ***: « La méthodologie exécutoire d'une gestion de projet qui ignore la réalité du terrain n'est pas appropriée pour les défis du terrain ».*** L'effort de la juste mesure cherche à toujours pénétrer dans la profondeur du problème en le situant, dans la situation dans laquelle il se trouve et non pas dans celle où on le pense ou le veut être. La rationalisation sur le diagnostic de la problématique ainsi que la rédaction de la méthodologie de gestion d'un problème est une entreprise qui se conçoit sur le terrain de l'objectivité ***: « La seule réalité qui ne change pas par rapport au projet du développement personnel c'est la volonté de réussite chez l'intéressé sinon toutes les autres réalités peuvent changer selon la réalité de l'environnement ainsi sont appelées à muter en fonction de l'évolution du besoin général et particulier de la société et la composante humaine qui l'anime ».*** La vraie nécessité d'une réalisation de l'opération du développement nous accompagne également à connaitre l'importance du changement tout comme de l'instruction c'est donc la mutation qu'apporte l'instruction qui nous permet de mieux s'instruire dans sa démarche, ainsi la phase débutante de l'opérationnalisation du projet de développement personnel met en exergue l'importance d'apprendre et de changer ce qui n'est pas utile à la réalisation efficace et efficiente du projet. Le jugement de valeur par étape place la première phase dans une posture cruciale de renforcement de capacité en nous appelant à reconnaitre notre faiblesse cela prouve à suffisance que quel que soit l'architecture de notre planning pour le développement nous pouvons éprouver le besoin de réajuster notre plan de développement cela est un impact du renforcement de capacité acquise dans la phase de l'opérationnalisation des acquis obtenus dans la première phase. L'utilité d'un développement certain n'empêche personne de bien s'éclairer pour vivre heureux cependant il revient de s'associer pleinement à l'effort du terrain comme partant du diagnostic de la connaissance avérée sur la nécessité de tout changement certain car pour mieux s'accomplir dans son avancement, du long en large la gestion du projet est l'expression d'une réalisation certaine de la complémentarité des efforts derrière la connaissance du chemin idoine la gestion de projet à l'entame ne demande autre chose qu'un renforcement adéquat de la qualification intellectuelle de l'acteur nécessiteux pour le développement ce qui lui permet sagement d'atteindre l'objectif voulu donc l'opérationnalisation de nos stratégies techniques dans un cadre pratique nous permet de se rendre compte de l'importance continue de l'apprentissage car nous comprenons que dans les deux premières phases constituant le premier chapitre de notre projet de développement cela se passe derrière la connaissance pareillement la seconde position relevant du deuxième chapitre se passe également derrière l'expression de la connaissance recherchée dans l'œuvre humaine en tout nous comprenons que la connaissance est l'élément centrale de tout développement.

*∗ **La réalisation seconde ou intermédiaire.***

La seconde forme d'opérationnalisation du planning développemental renforce d'autant plus la crédibilité de l'acteur du projet face au défi imminent auquel il pourrait-être confronté il ne s'agit pas pour lui de développer une autarcie active dans laquelle il n'aura pas à agir pour saper toute sa volonté du développement. Donc après avoir pris la température du milieu de l'opération ainsi s'attendant à d'éventuels défis auxquels il peut être confrontés ce dernier s'active à améliorer davantage la crédibilité de sa démarche en soignant sa méthodologie c'est au cours de cette seconde phase qu'il agisse avec prudence dans le cadre de la réalisation de son objectif. Toujours la culture intellectuelle est bien requise s'agissant de son épanouissement au gré de circonstances puis une connaissance du problème qui va crescendo donc en toute lucidité il nous revient de voir en cette phase l'élément moteur de notre accomplissement intellectuel partant de l'avant l'assurance pour la réussite dans la gestion de projet qui nous définit ainsi la méthodologie de recherche idoine à l'accomplissement de nos besoins dans une direction éclairée. D'étape en étape nous gagnons de l'assistance dans ce cas l'expérience gagnée lors de la première étape nous permet de combler nos attentes cela dit il revient à l'acteur de développer le projet de sa corde ce qui veut dire que toute émancipation d'un projet revient à la compréhension de la retombée du projet en question ce qui veut dire dans ce cas précis que la phase de la réalisation de la gestion de projet dans sa dimension intermédiaire nous rapproche de l'atteinte de la réussite tout en nous appelant à nous rassurer davantage face à l'enjeu de la vie. On suppose dans le second stade de la gestion de projet qu'on a déjà une avance par rapport à la réalisation de nos ambitions ainsi qu'on ne saurait pas laisser l'apport en question au profit de quoi que ce soit si réellement nous suivons le développement pas à pas ainsi dans la phase intermédiaire de la réalisation du projet nous nous questionnons justement sur la vraie nature du problème face auquel nous nous retrouvons avec une assurance renforcée de notre confiance sur le travail à mener cela dit le développement ne s'acquière nullement pas sans renforcement de capacité de la part de l'acteur engagé à résoudre tel ou tel problème de la vie sociale. La connaissance dans sa dimension générale est recherchée en vue de renforcer la capacité intellectuelle de l'individu quêteur dans sa démarche existentielle, toujours plus de compréhension couplée à plus d'expérience face aux enjeux nous permettent de révéler notre dynamisme à faire face aux soucis qui nous assaillent d'étape en étape il revient de mieux se référer aux indicateurs de l'évolution de notre démarche développementale cela se comprend par rapport aux différents résultats que nous enregistrions en passant étape par étape donc mieux nous dépassons les étapes plus nous nous facilitons le trajet du développement réel. L'obligeance est requise afin qu'on est un résultat probant dans le cadre de la réalisation d'un développement accompli donc cela dit il est utile d'avoir un idéal certain par rapport à la réalisation d'un résultat global satisfaisant par rapport à l'état d'équilibre de notre activité avec les différentes mesures faites par les indicateurs du développement. La dimension intermédiaire de la réalisation vient à un moment également crucial de la gestion du projet nous rappelons que tout projet à sa particularité donc nous devons mieux comprendre la réalité existante sur la vraie nature du problème, donc cela nous permet de renforcer notre capacité combative en vue de mieux gérer les défis de l'existence problématique qui est nôtre d'une part. L'utilité d'un projet de développement rassemble prouesse et maturité de la part de l'individu en vue d'arriver à réaliser ce qu'il pense être nécessaire à son accomplissement dans le temps et l'espace, l'état de développement est l'évolution de la circonstance qui est nôtre qui représente notre existence de façon générale, pour qu'on se rassure sagement par rapport à notre évolution, le développement en soi passe par l'harmonisation du suivi efficace de différentes étapes lesquelles bien accomplies permettent l'élaboration matérielle et psychique du développement en question.

L'initiation à la préservation volontariste des acquis du développement personnel

La dernière étape du développement volontariste pas la moindre passe par la revue des acquis engrangés par l'opérationnalisation du plan de développement de l'individu lequel après avoir subi certains réajustement en vue de s'équilibrer et mieux répondre aux exigences du défi montre la maturité du chemin suivi par l'humain soucieux du développement. Nous justifions nettement notre besoin de raffermissement de la volonté développementale qui est en nous intérieurement et extérieurement pour qu'on puisse bien s'enregistrer au mieux dans l'effectivité de la cohérence active, le développement ne se limite seulement pas à l'émission d'un besoin ni non plus à la tentative de l'accomplissement de ce besoin en question mais mieux les mécanismes de préservation du profit de notre engagement doivent-être positivement su en vue de mieux accompagner le développement endogène et exogène de l'individu.

Que faire d'un développement dont on ignore la vraie valeur où on n'a pas été acteur à la réalisation ?

Là l'orientation se pose sur la nécessité de mettre l'individu au centre de son développement ce qui veut dire que les multiples défis que nous rencontrions dans l'exécution de multiples étapes de notre développement nous permettent d'apprendre plus profondément sur la nature du développement que nous sommes censés acquérir à la fin de notre cycle opérationnel ici nous mettons l'accent sur la culture ouvrière de l'individu (une fois la main dans la pâte les leçons que nous apprenions ainsi que le résultat que nous atteignions dans la réalisation de notre projet nous permettent de le garder précieusement). La question de l'implication ainsi que de l'application de l'individu en vue d'atteindre une issue harmonieuse dans la gestion du projet se pose dans la mesure où notre projet est à notre image la phase de préservation de l'acquis d'un projet ne commence pas après avoir commencé à bénéficier des résultats prometteurs du projets mais c'est un état bilan de l'ensemble des expériences positives et négatives enregistrées lors de la réalisation dudit projet ainsi qu'un appel à valoriser celles positives au détriment de celles négatives parlant bien sûr de résultat ***: « Dans la mesure où la réussite peut du coup virer à l'échec vice-versa nous comprenons lucidement dans ce cas que l'amélioration des conditions entrant dans la préservation d'un projet de développemental durable est bien nécessaire pour rendre l'épanouissement meilleur ».*** L'information cruciale à retenir dans le cadre de l'exécution d'un projet de développemental c'est le renforcement de capacité qui est recommandé dans ce sens donc qui parle de mécanismes certains de préservation de l'acquis du développement parle également de la nécessité d'accroitre la culture intellectuelle de l'acteur exécutant car *si une chose est de réussir une autre est de maintenir cette réussite*. L'élan allant de la compréhension ainsi que la résolution de problèmes du développement ne s'appuie sur nul autre assise si ce n'est celle de la connaissance il revient à dire constamment que le projet ne doit pas-être à court d'objectif il faudrait toujours l'accorder pour qu'il continue longuement à vivre chaque fois que nous atteignions un objectif il nous revient d'en fixer un autre pour pouvoir bien équilibrer le projet du développement en question. Nous ne parlons seulement pas de la multiplication des objectifs d'un projet pour qu'il continue de vivre mais plutôt l'animation d'un projet par des objectifs précis bien recherchés ainsi qu'utiles pour la valorisation de la vie humaine.

La gestion de projet ainsi que l'utilité de la diversification des objectifs politiques en vue d'enrichir ainsi que d'assurer la durabilité du projet vital.

L'état du développement se juge à travers l'intelligence de l'agent planificateur de son opérationnalisation nous ne pouvons pas parler de la richesse d'un projet qui ne diversifie pas ses branches ce qui revient à dire que la richesse fait bien vivre un projet. Donc partant de l'accomplissement d'un besoin en santé nous éprouvons également celui du renforcement de capacité en construisant beaucoup de centres d'éducations, d'apprentissages au sein desquels nous renforçons les capacités de ressources humaines en vue de faire face aux multiples défis sanitaires, après la culture de l'éducation nous dévons par le fait exposer certains besoins pareillement à combler pour arriver à notre fin de développement global, du besoin de l'alimentation de se vêtir de se soigner de s'éduquer, de s'entendre ainsi que d'autres besoins similaires nous arrivons à mieux réaliser d'étape en étape le développement personnel et global. L'une des mesures phares du développement s'appuie sur le côté préservation des acquis, c'est le côté lequel permet à ce dernier de bien s'équilibrer ainsi que de mieux faire face aux défis globaux de la vie donc l'étape de la préservation des acquis du développement est une étape à portée hautement instructive chez l'individu chez l'individu dans la mesure où elle lui permet de bien prendre soin de sa personnalité en termes de qualité ainsi que le renforcement de sa capacité pour mieux faire face à la problématique globale de gestion de projet lui concernant. L'effort du développement s'appuie sur l'essor de la préservation des acquis dans une dynamique certaine de gestion de crise ; la variété dans la diversité des problèmes traités par l'acteur du projet lui permet de mieux s'épanouir en sachant d'abord mieux agencer les problèmes en les traitant un par un cela dit l'enrichissement de la solution est fonction de l'organisation de la problématique la priorisation positive des problèmes nous permet de mieux faire face à notre responsabilité en n'ignorant pas quelle étape franchir pour accéder à un résultat précis c'est la rationalisation du problème. La préservation des acquis ou résultats du ou des problèmes traités appelle à une rationalisation de la démarche exécutoire chez l'individu nous voyons la question de l'efficience et de l'efficacité dans cette marge car il lui est recommandé de savoir bien gérer ses ressources en vue de les maximiser bien sûr en n'ignorant pas comment s'y prendre ***: « Mieux le développement nous sert mieux on est clair face au problème, un problème bien compris nous mène à une solution réussie ».*** Le développement de ce fait s'acquière à travers une organisation morale et logique de la démarche exécutoire développementale humaine sur le plan technique surtout car l'accent doit-être mis sur l'apport de l'organisation idéologique sinon sur l'impact de l'éducation dans la consistance de l'effort développemental humain, l'appui sincère est dans la diversification de moyes du développement et cela n'est possible que lorsqu'on priorise logiquement les problèmes tout en les abordant pas à pas avec les moyens qu'on a sous nos mains. Le moyen le plus utile pour réussir face à la problématique globale de l'existence est bel et bien l'éducation dans une dimension élémentaire donc c'est à partir de cette base éducative que nous concevions des plannings appropriés à notre développement social, économique, politique et culturel...En comprenant d'une part que le frein au développement n'est pas forcément lié à l'absence ou à la présence de moyen développemental le plus généralement de la ressource matérielle pour acter le développement mais plutôt de l'absence de la connaissance technique pouvant mieux gérer la ressource présente en vue de la prospérer ainsi que de la maintenir de façon durable pareillement à notre compréhension éclairée de la complémentarité des moyens de développement nous permettant d'en faire une priorisation éclairée des problématiques à traiter pour réussir notre développement global et personnel. L'effort du développement dans ce cadre de vue logique passe par la préservation des mécanismes de préservation ainsi qu'à une large sensibilisation sur l'appropriation de ses mécanismes en vue de nous permettre de vivre le développement de notre rêve ***: « Nous retenons ceci derrière chaque volonté de préservation des acquis que l'implication éternelle est la valeur la plus utile pour soutenir l'effort du développement mieux en s'éclairant dans son engagement en sachant mieux lire dans les confins de l'évolution sociale, économique, politique, culturelle et diverse que peut connaitre un monde dans sa dimension interne et externe ».*** L'effort du développement à un aspect instructif dans le temps et l'espace donc ce dont il faut bien retenir de l'effort du développement dans le temps et l'espace ainsi que de sa priorisation logique est le mécanisme de préservation des acquis du développement qui doit figurer à la base tout comme au sommet de la réalisation d'un projet de développement. Cette dernière phase du développement personnel répond au souci de préservation de l'acquis obtenu donc nous mettons l'intérêt sur les valeurs matérielles et immatérielles utiles au renforcement du résultat obtenu plutôt que de céder à un quelconque satisfécit négatif qui finira par détruire le travail accompli durant un temps conséquent : ***« la phase de préservation du résultat d'un projet de développement personnel nous fait savoir en sa juste valeur que nous n'avancions pas pour reculer sans nécessité, de même de rester prudent dans la démarche sachant que nous ne réussirons jamais complètement pour ne plus réussir »*** . Cela est bien la phase qui appelle l'individu à garder l'équilibre en soi afin de maintenir son rythme de réussite dans le temps et l'espace, nous comprenons de ce fait que le processus du renforcement du développement personnel conduisant au développement global est un travail continuel tout le long de la vie humaine donc on a tort de se croire gagnant pour ne plus s'investir le plus généralement. Cela est une phase assez cruciale de la capitalisation de la compréhension technique du développement chez l'individu car s'il n'arrive pas à maintenir la flamme en cherchant un autre objectif à atteindre afin : de renforcer cela déjà acquis nous tombons souvent par terre pour reprendre le projet à zéro alors que ***: « lorsqu'on n'est pas fou on n'attend rien de zéro pour qu'il nous en fasse un héros ».*** Nécessairement le développement personnel durable requière les rudiments du renforcement de l'aptitude intellectuelle humaine ce qui veut dire que la question du développement personnel se joue en grande partie autour de l'organisation et de la réorganisation technique de moyens de développement de l'individu au rang desquels figure en tête le moyen immatériel qu'est la mentalité ***: « le jour où l'on se développera sans sa tête, cela signifiera que le développement n'est rien ».*** Le développement personnel dans sa phase de préservation des acquis demande continuellement que nous nous attelions logiquement à consolider les conditions idoines à l'amélioration des résultats obtenus cela demande nécessairement un engagement croissant et curieux dans le domaine de la recherche dans le cadre de promouvoir l'invention et l'innovation dans le domaine du résultat acquis. Il faut tout faire pour ne pas être statique et se limiter au réflexe du satisfécit qui n'est pas utile pour notre évolution, faire de recherches toujours innovantes orientées dans le cadre de la réussite nous aide justement à aller de l'avant beaucoup plus. La phase de la préservation de l'acquis du produit du développement est une phase déterminante par rapport à la pérennisation ou pas de l'action développementale dans ce sens nous comprenons de ce fait que le réflexe de la satisfaction totale, absolue n'est pas une philosophie à développer pour qu'on puisse veiller patiemment au développement continu de notre résultat. Il s'agit de comprendre ouvertement par-là que le service ou le bien immatériel est l'élément central à travailler afin de bien organiser positivement notre processus de pérennisation de l'acquis développemental c'est la dimension technique ***: « qui prévaut pour déterminer qui l'on vaut ou pas ».*** Il s'agit de dynamiser plus intelligemment l'aspect technique organisationnel du développement personnel car le suivi passe par un carnet méthodologique objectif qui détermine étape après étape les itinéraires fiables à choisir pour promouvoir notre stabilité développementale. Le développement personnel dans ce cadre de vue logique s'appuie constamment sur le trait du renforcement de capacité continue dans la mesure où l'acquisition du résultat ne saurait aucunement traduire la fin du projet ***: « dans la mesure où nous vivons des besoins en perpétuité l'acquisition d'un résultat ne signe pas forcement la fin de tous les problèmes ».*** Donc on se focalise sur le résultat le temps de planifier les méthodes requises pour l'atteindre et cela une fois acquis il est nécessaire qu'on se projette vers d'autres horizons et objectifs selon l'importance de notre existence car nous vivons d'un besoin continuel, cela dit nous arrivons logiquement à équilibrer la phase de la préservation des acquis en sachant bien que l'atteinte de résultats fixés n'est pas synonyme d'une réussite toute finie. Il faut se responsabiliser de ce fait face aux enjeux de l'existence aborder chaque étape du développement personnel avec le même engouement afin de réussir progressivement son développement soutenu, ne pas se laisser divertir par quoi que ce soit en cela l'objectivité est bien requise. L'effort du développement harmonieux passe par différents stades combinés lesquels se soutiennent logiquement et chronologiquement dans un calendrier bien déterminé et déterminant pour la réussite du projet en question ***: « le développement personnel est un développement au centre duquel se trouve la personnalité ainsi aussi longtemps que celui-ci sera le besoin restera à jamais »***. Le développement personnel est un développement de la vie à vie, donc cela nécessite une analyse minutieuse du contexte de développement dans lequel l'individu se trouve ainsi il doit savoir le prioriser exactement, notre développement personnel demande constamment notre rendement continuel. Le développement personnel continu passe nécessairement par la volonté de compréhension appuyée des problèmes inhérents à la vie, en plus de la compréhension ainsi que de la conception de solution efficace à la résolution du problème cette dernière étape passe nécessairement par la consolidation des acquis enregistrés nous devons comprendre de ce fait que la logique prévoit toujours l'avènement de problème lié à l'existence il s'agit de savoir qu'aucune solution n'est finale pour ne plus avoir à faire face aux problèmes ***: « prévoyant est le type d'acteur de développement qui n'est pas totalement satisfait de sa réussite pour croiser les bras en cela il cherche à anticiper l'innovation et l'invention qui sont des tactiques de survie afin qu'il puisse gager constamment en crédit face à d'éventuels soucis ».*** Il s'agit de ne pas attendre le problème pour agir d'anticiper la gestion de problèmes tout en maximisant son intérêt pour le développement personnel car il est évident qu'aucun développement soit parfait de la part de l'individu, nous cherchons logiquement le satisfécit et cela continu recommande de ne pas oublier l'acte fondamental d'anticipation des problèmes, la mentalité joue justement un très grand rôle dans le souci du renforcement du développement personnel. Les différentes étapes du développement personnel illustrent parfaitement une meilleure compréhension de problématiques auxquelles font face les individus que nous sommes dans le cadre de l'invention et de l'innovation dans le développement personnel, on arrive dans ce cadre à élargir davantage notre engouement pour la liberté en premier mental car nul n'ignore l'impact de la mentalité pour la liberté.

Printed by Books on Demand GmbH, Norderstedt / Germany